Koekjes

Koekjes

Bethany Heald • Fotografie Jean Cazals

Veltman Uitgevers

Een paar tips om te **beginnen 6.** Luxe knabbels zijn heerlijk **bij de koffie 12.** Laat de kinderen hun gang gaan en serveer deze koekjes **bij een glas melk 28.** Hartige knabbels smaken nog beter **bij een aperitief 48.** Eet deze koekjes **met een gerust geweten 60.** Hang ze in uw kerstboom of geef ze weg – koekjes vallen altijd goed **bij familie & vrienden 72.** Voor leuke vormen gebruikt u deze **sjablonen 88.** Kunt u een recept niet vinden? Kijk in het **register 94.**

beginnen

Beginnen

Koekjes zijn natuurlijk op zichzelf al heerlijk, maar ze worden echt bijzonder als u ze versiert. Dat hoeft geen uren te kosten, veel koekjes versiert u binnen een paar minuten door ze te bestrooien met wat nootjes of zaadjes. Koekjes versieren is ook een goede manier om uw kinderen tot bakken te verleiden, omdat ze nog enthousiaster zullen helpen met wegen, kneden en uitsnijden als ze weten dat ze de koekjes bovendien mogen versieren. U kunt zelfs een koekjesversierfeestje organiseren op de verjaardag van uw kind. Geef ze gewoon een aantal vormpjes, een paar verschillende glazuren, eetbare-decoratiepennen, glittertjes en strooisels en laat ze hun gang gaan. Als u bang bent voor rommel, legt u een plastic tafelkleed of krant op tafel. Oudere kinderen kunnen hun eigen koekjes uitsnijden met behulp van de sjablonen op bladzijde 88-93 of kunnen hun eigen vormen ontwerpen.

In dit boek vindt u verschillende soorten koekdeeg. Sommige zijn zacht en op te lepelen, andere rolt u met uw handen tot balletjes die u plat drukt, en weer andere rolt u uit tot een platte lap met een deegrol.

Gerei:

- bakplaten
- verschillende koekvormpjes in allerlei maten
- roosters om af te koelen
- spatel
- metalen spatel of vismes
- verschillende maten deegkommen
- mixer (eventueel)
- blender
- deegrol
- spuitmondjes: kleine letters, stervormpjes
- slagroomspuitzakken: wegwerp- of wasbare zakken. U kunt ze ook zelf maken: knip een grote driehoek uit bakpapier en vouw twee van de punten dubbel tot een kegelvorm tot ze aan de andere kant bij elkaar komen, met een gaatje in de punt. Maak de zak dicht door de flapjes om te vouwen.
- fijne zeven om te strooien
- kwastjes voor gedetailleerde versiering
- bakpapier
- siliconen bakmatjes
- gerei om sjablonen te maken: vetvrij of overtrekpapier, potlood, schaar, mesje of scalpel

Er zijn verschillende voedingskleurstoffen te koop, als vloeistof, pasta of poeder. In grotere supermarkten zijn tubetjes schrijfglazuur te koop. Meestal zijn ze in vier kleuren samen verpakt.

Glazuur is snel en gemakkelijk te maken en heel geschikt om koekjes te versieren, omdat u het kunt uitrollen en zelfs kleuren. Onthoud echter dat kleurstofpasta geconcentreerder is dan vloeistof, zodat u de hoeveelheid moet aanpassen.

Glazuur

1 eetlepel glucosestroop
1 eiwit
500 g gezeefde poedersuiker

Doe de stroop en het eiwit in een grote kom en klop het eiwit los. Voeg geleidelijk poedersuiker toe tot u niet meer kunt kloppen. Giet het mengsel uit over een koel oppervlak en kneed de resterende suiker erdoor. Blijf kneden tot er een gladde bal zonder klontjes ontstaat. Omwikkel de bal met plastic folie en bewaar hem in een plastic zak tot u hem gebruikt.

Bewaren:
Alle zoete koekjes zijn in een luchtdicht bakje een week te bewaren. De hartige koekjes kunt u het best binnen drie of vier dagen opeten, mits u ze luchtdicht bewaart, bijvoorbeeld in Tupperwarebakjes, blikjes, glazen of aardewerken koektrommels. Als u de koekjes wilt invriezen, kunt u dat het beste doen voordat u ze bakt. Snijd het deeg in de gewenste vormpjes uit op bakpapier en stapel ze op in een bakje. Ze zijn drie maanden houdbaar in de vriezer. Als u wilt gaan bakken, neemt u er het gewenste aantal uit en laat u ze niet ontdooien, maar verlengt u de baktijd met 2-3 minuten.

bij de koffie

Honing-gemberkoekjes

Bereidingstijd: 25 minuten
Koeltijd: 1 uur
Baktijd: 10-12 minuten
24 stuks

250 g zachte boter
350 g bruine basterdsuiker
4 eetlepels honing
3 eetlepels gehakte stemgember
2 eetlepels siroop uit het stemgemberpotje
1 eetlepel geraspte verse gember (naar smaak)
1 eetlepel gemalen gember
285 g tarwebloem
2 theelepels bakpoeder
½ theelepel fijn zout
75 g havervlokken

Roer de boter, suiker en honing tot een romige massa. Roer de stemgember, stemgembersiroop en (eventueel) verse gember erdoor. Zeef de gemalen gember, bloem, bakpoeder en het zout dooreen en schep ze samen met de havervlokken met een grote metalen lepel door het mengsel. Kneed het in 30 seconden tot een samenhangend deeg. Maak er een rol van 5 x 5 x 30 cm van, verpak die in plastic folie en koel hem minstens een uur. Op dit punt kunt u het deeg desgewenst voor 2-3 maanden invriezen; wilt u het gebruiken, laat het dan iets ontdooien, snijd het in plakken en verleng de baktijd met 2 minuten.

Verwarm de oven voor op 180 °C. Vet 2 bakplaten in en bekleed ze met bakpapier.

Haal het deeg uit de koelkast en snijd het in ronde plakjes van 5 mm, leg ze op de bakplaten en bak ze 10-12 minuten totdat ze goudgeel zijn. Laat ze 2 minuten afkoelen voordat u ze op een rooster legt om helemaal af te koelen. De havervlokken in het deeg vormen de versiering in dit recept, omdat ze tijdens het bakken een prachtig gouden kleur krijgen.

Rozenwater-pistachekoekjes

Bereidingstijd: 25 minuten
Baktijd: 8-10 minuten
24 stuks

100 g zachte boter
200 g bruine kristalsuiker
2 middelgrote eieren, op kamertemperatuur
3 eetlepels rozenwater
285 g tarwebloem
1 theelepel bakpoeder
½ theelepel fijn zout
110 g pistachenootjes, grof gehakt

Versiering
2 rozen, zonder bestrijdingsmiddelen, in kleur naar keuze
1 eiwit
60 g witte suiker

Verwarm de oven voor op 190 °C. Vet 2 bakplaten in en bekleed ze met bakpapier.

Roer de boter en suiker met een houten lepel of een mixer tot een luchtige massa. Klop de eieren een voor een door het mengsel, gevolgd door het rozenwater. Zeef het meel, het zout en de bakpoeder dooreen en schep ze door het mengsel. Roer de pistachenootjes erdoorheen. Leg hoopjes deeg van één eetlepel op de bakplaten, met 5 cm tussenruimte (aangezien ze uitvloeien tijdens het bakken), en druk ze met vochtige vingers plat tot rondjes van 5 mm dik. Bak de koekjes 8-10 minuten of totdat ze goudkleurig zijn. Laat ze 2 minuten afkoelen voordat u ze op een rooster legt om helemaal af te koelen.

Tijdens het afkoelen besuikert u de rozenblaadjes. Haal de blaadjes voorzichtig van de bloemen en leg ze op een rooster. Klop het eiwit een beetje los en besmeer daar beide zijden van de blaadjes mee met een penseel of kwast. Laat overtollig eiwit afdruipen voordat u de blaadjes met suiker bestrooit. Leg voor het serveren een rozenblad op elk afgekoeld koekje.

Oranjebloesem-amandelkoekjes

Bereidingstijd: 25 minuten
Baktijd: 10 minuten
24 stuks

100 g gepelde amandelen
100 g zachte boter
100 g bruine kristalsuiker
1 middelgroot ei, op kamertemperatuur
2 eetlepels oranjebloesemwater
225 g tarwebloem
1 theelepel bakpoeder
½ theelepel fijn zout

Versiering
250 g poedersuiker, gezeefd
2 eetlepels magere vanilleyoghurt
1 eetlepel sinaasappel- of citroensap
1 theelepel fijn geraspte sinaasappel- of citroenschil

Verwarm de oven voor op 180 °C. Vet 2 bakplaten in en bekleed ze met bakpapier.

Rooster de amandelen 10-15 minuten op een bakplaat en draai ze halverwege om zodat ze regelmatig kleuren. Zodra ze goudbruin zijn, schudt u ze op een bord. Roer de boter en suiker met een houten lepel of mixer tot een luchtige massa. Klop het ei en het oranjebloesemwater erdoor totdat ze volledig zijn opgenomen. Zeef het meel, het zout en de bakpoeder dooreen. Zodra de amandelen zijn afgekoeld, hakt u ze grof en voegt u ze met de droge ingrediënten toe aan het mengsel. Schep het door elkaar tot een luchtig deeg. Rol het in balletjes van golfbalformaat, leg die op de bakplaat en druk ze met vochtige vingers plat. Bak ze in 10-12 minuten goudbruin. Laat ze 2 minuten afkoelen voordat u ze op een rooster legt om helemaal af te koelen.

Terwijl de koekjes afkoelen, mengt u poedersuiker, yoghurt, sinaasappel- of citroensap en de geraspte schil tot een glad mengsel. Doop de goed afgekoelde koekjes tot de helft in het glazuurmengsel en leg ze terug op het rooster om op te stijven.

Saffraan-honing-pijnboompitkoekjes

Bereidingstijd: 25 minuten
Baktijd: 10 minuten
24 stuks

¼ theelepel saffraandraadjes
1 eetlepel water
110 g zachte boter
100 g donkerbruine basterdsuiker
4 eetlepels vloeibare honing
1 middelgroot ei, op kamertemperatuur
1 theelepel vanillesuiker
225 g tarwebloem
1 theelepel bakpoeder
½ theelepel fijn zout

Versiering
110 g pijnboompitten

Verwarm de oven voor op 180 °C. Vet 2 bakplaten in en bekleed ze met bakpapier.

Laat de saffraandraadjes in het water weken.

Roer boter, suiker en honing tot een luchtige massa (10 minuten met een houten lepel, 2-3 minuten met een mixer). Klop het ei erdoor. Roer het saffraanwater en de vanillesuiker erdoor. Zeef het meel, het zout en de bakpoeder dooreen en roer de droge ingrediënten door de massa totdat ze goed zijn opgenomen. Strooi de pijnboompitten op een plat bord. Rol het deeg tot balletjes van golfbalformaat, plet ze met vochtige vingers tot rondjes van 5 mm. Druk de koekjes in de pijnboompitten en leg ze op de bakplaten. Bak ze 10 minuten of totdat de pitten goudbruin verkleuren. Laat ze 2 minuten afkoelen voordat u ze op een rooster legt om helemaal af te koelen.

Koreaanse koekjes

Bereidingstijd: 15-20 minuten
Baktijd: 9 minuten
30-35 stuks

Siroop
4 eetlepels stemgembersiroop (uit een potje)
50 g kristalsuiker
75 g honing
1,25 dl water

250 g tarwebloem
snufje fijn zout
3 eetlepels sesamolie
3 eetlepels vloeibare honing
2 eetlepels rijstazijn
2 eetlepels sinaasappelsap
2 eetlepels water
1,25 dl plantaardige olie

Versiering
30 g pijnboompitten, grof gehakt
2 eetlepels gemalen kaneel

Deze bijzondere, gefrituurde koekjes worden gemaakt van deeg dat op korstdeeg lijkt. Ze worden ondergedompeld in siroop, waardoor ze extra geschikt zijn als een warm geserveerde, zoete traktatie. Ze krijgen ook niet de kans om af te koelen, omdat ze in een oogwenk zullen worden opgegeten.

Maak eerst de siroop. Doe de stemgembersiroop, suiker, honing en het water in een pannetje, breng het aan de kook en laat het onder voortdurend roeren 1-2 minuten pruttelen.

Zeef de bloem en het zout in een kom en giet de sesamolie erbij. Wrijf het mengsel met de vingertoppen (zoals u korstdeeg maakt) totdat het op broodkruimels lijkt. Maak een kuiltje in het midden. Meng de honing, rijstazijn, het sinaasappelsap en het water in een kommetje en giet het in het kuiltje. Roer alles dooreen totdat er een droog deeg ontstaat. Voeg niet meer water toe, het deeg wordt zo al samenhangend. Rol het deeg uit op een met bloem bestoven oppervlak tot een lap van 5 mm dik. Snijd het deeg met een hartvormig koekvormpje van 4 x 4 cm of met het sjabloon op bladzijde 88. Verhit de plantaardige olie in een grote pan op middelhoog vuur. Frituur een derde van de hartjes zo'n 1½ minuut aan beide zijden totdat ze goudbruin zijn. Als de olie te heet is, wordt de buitenkant van de koekjes bruin voordat de binnenkant gaar is. Haal de koekjes met een schuimspaan uit de pan en laat ze op keukenpapier uitdruipen. Frituur de volgende twee ladingen. Pak elk koekje met een keukentang, dompel hem in de siroop en leg hem op een serveerschaal.

Rooster de pijnboompitten 2 minuten in een koekenpan op middelhoog vuur totdat ze aan beide zijden goudbruin zijn. Strooi de pitten en het kaneel over de koekjes.

Citroen-limoenkoekjes

Bereidingstijd: 10 minuten
Baktijd: 8-10 minuten
20 stuks

100 g zachte boter
200 g bruine kristalsuiker
1 middelgroot ei, op kamertemperatuur
325 g lemon curd (citroenkwark)
fijn geraspte schil van 2 limoenen
285 g tarwebloem
1 theelepel bakpoeder
½ theelepel fijn zout

Versiering
1 eiwit
geraspte schil van 2 limoenen of 1 citroen
1 eetlepel suiker

Verwarm de oven voor op 190 °C. Vet 2 bakplaten in en bekleed ze met bakpapier.

Doe de boter en suiker in een grote kom en klop ze met een houten lepel of mixer tot een luchtig mengsel. Voeg het ei toe en klop totdat het is opgenomen. Roer de lemon curd en limoenschil erdoor. Zeef het meel, het zout en de bakpoeder dooreen en roer alles door het mengsel.

Leg hoopjes beslag met een eetlepel op de bakplaten met 5 cm tussenruimte, omdat de koekjes tijdens het bakken uitvloeien. Druk de hoopjes met vochtige vingers plat tot rondjes van 2,5 mm. Bak de koekjes 8-10 minuten of totdat ze licht goudbruin zijn. Haal ze uit de oven en laat ze 2 minuten afkoelen voordat u ze op een rooster legt om helemaal af te koelen.

Maak de versiering terwijl de koekjes afkoelen. Klop het eiwit lichtjes en voeg de geraspte schil toe. Laat overtollig eiwit uitlekken. Spreid de geraspte schil uit over een plat bord en bestrooi hem met suiker. Roer het met een vork door elkaar om de suiker regelmatig te verspreiden. Strooi de schil over de koekjes en serveer ze meteen.

Marmelade-gemberkoekjes

Bereidingstijd: 10 minuten
Baktijd: 10-15 minuten
24 stuks

100 g zachte boter
200 g bruine kristalsuiker
2 middelgrote eieren, op kamertemperatuur
300 g fijne marmelade
90 g stemgember, grof gehakt
300 g tarwebloem
1 theelepel bakpoeder
2 eetlepels stemgember, fijngehakt

Ik gebruik graag Sevilla-marmelade voor deze koekjes, maar andere marmelade van een goede kwaliteit voldoet ook. Het is heerlijk zacht aan de binnenkant en heeft een krokant buitenlaagje.

Verwarm de oven voor op 190 °C. Vet 2-3 bakplaten in en bekleed ze met bakpapier.

Doe de boter en suiker in een blender en laat ze 2 minuten blenden op de hoogste stand. (Misschien moet u hem een paar maal uitzetten om het mengsel van de zijkanten te schrapen.) Voeg de eieren een voor een toe en blend ze een paar tellen. Voeg de marmelade en stemgember toe en laat het apparaat 5 of 6 slagen blenden totdat ze zijn vermengd. Zeef het meel en de bakpoeder dooreen en doe ze voorzichtig in de blender, anders wordt u nog bedolven door een meelwolk! Blend totdat het deeg goed is gemengd. Leg met een eetlepel hoopjes deeg op de bakplaten met 5 cm tussenruimte, omdat de koekjes uitvloeien tijdens het bakken. Zorg voor een gelijk formaat zodat ze tegelijk klaar zijn. Druk ze plat tot ongeveer 1 cm en bestrooi ze met de fijngehakte gember. Bak de koekjes 10-12 minuten. Zodra de koekjes op de bovenste bakplaat gaar zijn, kunt u de onderste plaat naar boven verplaatsen. Laat ze 2 minuten afkoelen voordat u ze op een rooster legt om helemaal af te koelen.

Zandtaartpuntjes

Bereidingstijd: 15 minuten
40-50 minuten
16 stuks

110 g bruine poedersuiker of basterdsuiker
240 g tarwebloem
25 g rijstebloem
175 g boter
snufje fijn zout
fijn geraspte schil van 1 citroen of sinaasappel

Zandtaart komt oorspronkelijk uit Schotland, waar hij traditioneel met Kerstmis of de jaarwisseling wordt geserveerd, maar ik vind hem geschikt voor elk seizoen. Dit recept is niet het meest gebruikelijke, maar minder machtig.

Verwarm de oven voor op 150 °C. Vet 2 boterkoekbakblikken met een diameter van 15 cm in met boter of plantaardige olie.

Houd 2 eetlepels suiker achter voor de versiering. Meng de resterende suiker, bloem en rijstebloem in een kom. Snijd de boter in kleine blokjes en wrijf ze met uw vingers door de bloem en suiker totdat het op broodkruimels lijkt. Voeg de citroen- of sinaasappelschil toe en kneed het deeg met uw handen tot het zacht is. Wees geduldig en voeg geen water toe, uiteindelijk wordt het een samenhangend deeg. Verdeel het deeg over de twee bakblikken en druk het plat. Kerf het deeg met een scherp mes in 8 punten en maak op de bovenkant met een vork leuke patronen. Bak de koeken 40-50 minuten totdat de bovenkant goudbruin is. Haal ze uit de oven en bestrooi ze met de achtergehouden suiker. Laat ze 15 minuten in de vorm afkoelen voordat u ze op een rooster legt om helemaal af te koelen. Zodra ze zijn afgekoeld, breekt u de zandtaartjes in stukken langs de aangegeven lijnen.

Peer-kaneelkoekjes

Bereidingstijd: 25 minuten
Baktijd: 10 minuten
24 stuks

700 g grote peren
4 kleine of 2 grote kaneelpijpjes
1 eetlepel poedersuiker
100 g zachte boter
100 g donkerbruine basterdsuiker
2 middelgrote eieren, op kamertemperatuur
285 g tarwebloem
1 theelepel bakpoeder
½ theelepel fijn zout
1 theelepel gemalen kaneel

Versiering
2 eetlepels poedersuiker
1 theelepel gemalen kaneel

Verwarm de oven voor op 180 °C. Vet 2 bakplaten in en bekleed ze met bakpapier.

Schil de peren, verwijder de klokhuizen en snijd ze in stukjes van ongeveer 1 cm. Breng in een pannetje de stukjes met de kaneelpijpjes, suiker en een theelepel water aan de kook en laat ze 10 minuten pruttelen op laag vuur totdat ze zacht zijn. Verwijder de kaneelpijpjes en overtollig water en laat de zachte stukjes peer afkoelen.

Roer de boter en suiker tot een lichte, luchtige massa en voeg de eieren een voor een toe. Voeg de afgekoelde peren toe. Zeef het meel, het zout, het kaneel en de bakpoeder dooreen en schep ze door het mengsel. Leg met een dessertlepel hoopjes deeg van golfbalformaat op de bakplaten met 5 cm tussenruimte, omdat de koekjes uitvloeien tijdens het bakken. Druk de hoopjes met vochtige vingers plat tot rondjes van 5 mm dik. Bak ze 10-12 minuten totdat ze goudbruin zijn. Laat ze 2 minuten afkoelen op de bakplaat.

Meng de suiker en kaneel en strooi het mengsel over de koekjes, voordat u ze op een rooster legt om helemaal af te koelen.

Rum-rozijnenkoekjes

Bereidingstijd: 25 minuten
Baktijd: 10 minuten
24 stuks

225 g rozijnen
8 eetlepels donkere rum
100 g zachte boter
200 g donkerbruine suiker
1 middelgroot ei, op kamertemperatuur
een paar druppels vanille-essence
285 g tarwebloem
1 theelepel bakpoeder
½ theelepel fijn zout

Als u een hapje van deze koekjes neemt, barsten de rozijnen open en proeft u een heerlijke, verrassende rumsmaak. Uiteraard alleen voor volwassenen.

Verwarm de oven voor op 180 °C. Vet 2 bakplaten in en bekleed ze met bakpapier.

Breng de rozijnen en rum in een pannetje aan de kook, zet het vuur laag en laat het 15 minuten pruttelen. De rozijnen hebben zich volgezogen met het merendeel van de rum. Laat ze helemaal afkoelen.

Roer de boter en suiker tot een lichte, luchtige massa. Klop het ei er doorheen en voeg de rumrozijnen en vanille-essence toe. Zeef het meel, het zout en de bakpoeder dooreen en schep ze voorzichtig door het mengsel totdat het een stevig deeg vormt. Rol het deeg in balletjes van golfbalformaat, leg ze op de bakplaat en druk ze met vochtige vingers plat tot rondjes van 5 mm. Bak ze 10 minuten totdat de koekjes een goudbruine bovenkant hebben. Laat ze 2 minuten afkoelen voordat u ze op een rooster legt om helemaal af te koelen.

Bananenkoekjes met witte chocolade

Bereidingstijd: 25 minuten
Baktijd: 10 minuten
20 stuks

120 g zachte boter
150 g bruine kristalsuiker
50 g bruine basterdsuiker
1 middelgroot ei, op kamertemperatuur
4 middelgrote rijpe bananen, geschild en geprakt
een paar druppels vanille-essence
175 g tarwebloem
1 theelepel bakpoeder
½ theelepel fijn zout
100 g witte chocolade, grof gehakt

Versiering
20 gedroogde bananenchips

Deze koekjes zijn het lekkerst als u goed gerijpte bananen gebruikt. De witte chocolade maakt ze luxe en ik vind ze onweerstaanbaar bij een kop sterke, zwarte koffie.

Verwarm de oven voor op 180 °C. Vet 2 bakplaten in en bekleed ze met bakpapier.

Roer de boter en suiker met een houten lepel of mixer tot een lichte, luchtige massa. Klop het ei er doorheen en voeg de geprakte bananen en vanille-essence toe. Klop totdat het deeg glad is. Zeef het meel, het zout en de bakpoeder dooreen en schep dit samen met de witte chocolade voorzichtig door het deeg. Rol het deeg in balletjes van golfbalformaat en druk ze plat tot rondjes van 5 mm. Leg ze op de bakplaten en bak ze 10 minuten totdat de bovenkant goudbruin wordt.

Ter versiering legt u op elk koekje een bananenchip zodra ze uit de oven komen. Laat ze afkoelen op een rooster – als u zo lang kunt wachten – of serveer ze warm.

Purechocoladekoekjes met bladgoud

Bereidingstijd: 25 minuten
Baktijd: 10 minuten
24 stuks

200 g pure chocolade (minstens 70% cacaogehalte), in stukjes
100 g zachte boter
100 g donkerbruine basterdsuiker
2 middelgrote eieren, op kamertemperatuur
1 theelepel vanille-essence
285 g tarwebloem
1 theelepel bakpoeder
½ theelepel fijn zout
1 eetlepel cacaopoeder

Versiering
200 g pure chocolade, gesmolten
2 vellen bladgoud

Deze koekjes zijn het toppunt van decadentie. Niet alleen bevat het deeg gesmolten chocolade, het koekje is ook nog eens omhuld met een chocoladelaagje. Uiteraard is chocolade van goede kwaliteit noodzakelijk aangezien die de smaak ten goede komt. Misschien denkt u dat ik gek geworden ben dat ik koekjes met bladgoud versier maar geloof me, het is eetbaar en wordt al sinds de middeleeuwen gebruikt om voedsel te versieren. Bladgoud is verkrijgbaar in hobbywinkels en gespecialiseerde culinaire winkels. Zorg er wel voor dat u authentiek bladgoud koopt aangezien nepbladgoud niet eetbaar is. Als u indruk wilt maken, is dit hét koekje voor u.

Verwarm de oven voor op 180 °C. Vet 2 bakplaten in en bekleed ze met bakpapier.

Smelt de chocolade au bain-marie en zorg dat het kommetje het water niet raakt omdat de chocolade dan kan aanbranden. Als hij helemaal is gesmolten, laat u hem iets afkoelen.

Roer de boter en suiker met een houten lepel of mixer tot een luchtige massa. Klop de eieren er een voor een doorheen en voeg dan de gesmolten chocolade toe. Zeef het meel, het zout, de bakpoeder en de cacaopoeder dooreen en schep het voorzichtig door het mengsel totdat het een zacht en plakkerig deeg vormt. Leg met een dessertlepel hoopjes van golfbalformaat op de bakplaten en druk ze met vochtige vingers plat tot rondjes van 5 mm dik. Bak ze 10-12 minuten.

In de tussentijd smelt u voor de versiering de chocolade (au bain-marie) en zet u hem warm weg.

Haal de koekjes uit de oven en laat ze 1 minuut afkoelen op de bakplaat voordat u ze op een rooster legt om helemaal af te koelen. Zodra ze helemaal zijn afgekoeld en uitgehard, dompelt u elk koekje in de warme, gesmolten chocolade. Haal ze uit de chocolade met een lepel en leg ze op vetvrij papier. Voordat de chocola helemaal hard is, breekt u stukjes goudblad af die u op het midden van elk koekje legt. Zelf doe ik dit met een schoon pincet omdat bladgoud snel aan de handen plakt. Serveer de koekjes zodra de chocolade hard is.

Chocolade-pistachekoekjes

Bereidingstijd: 25 minuten
Baktijd: 10 minuten
24 stuks

200 g melkchocolade, in stukjes
100 g boter, zacht
100 g kristalsuiker
100 g donkerbruine basterdsuiker
1 middelgroot ei, op kamertemperatuur
1 theelepel vanille-essence
285 g tarwebloem
1 theelepel bakpoeder
½ theelepel fijn zout
110 g pistachenootjes, grof gehakt

Versiering
50 g melkchocolade, gesmolten
25 g pistachenootjes, geroosterd

Verwarm de oven voor op 190 °C. Vet 2 bakplaten in en bekleed ze met bakpapier.

Smelt de chocolade au bain-marie en zorg dat het kommetje het water niet raakt, omdat de chocolade dan kan aanbranden. Zodra de chocolade is gesmolten, laat u hem afkoelen.

Intussen roert u de boter en suiker tot een luchtige massa. Klop het ei en de vanille-essence erdoor en voeg de gesmolten chocolade toe. Zeef het meel, het zout en de bakpoeder dooreen en schep ze samen met de pistachenootjes door het mengsel. Leg met een dessertlepel hoopjes deeg op de bakplaten en druk ze met vochtige vingers plat tot rondjes van 5 mm dik. Bak ze 10 minuten totdat ze net gaan verkleuren. Laat ze 1 minuut afkoelen op de bakplaat voordat u ze op een rooster legt. Leg dan een theelepel gesmolten chocolade en een geroosterd pistachenootje op elk koekje. Meteen na het afkoelen serveren.

Koffie-hazelnootkoekjes

Bereidingstijd: 25 minuten
Baktijd: 10-12 minuten
24 stuks

1 eetlepel melk
4 eetlepels gemalen koffie of espresso
100 g zachte boter
100 g bruine kristalsuiker
100 g donkerbruine basterdsuiker
1 middelgroot ei, op kamertemperatuur
een paar druppels vanille-essence
200 g tarwebloem
1 theelepel bakpoeder
½ theelepel fijn zout
100 g hazelnoten, grof gehakt

Versiering
50 g pure chocolade (minstens 70% cacaogehalte)
24 geroosterde koffiebonen

Verwarm de oven voor op 180 °C. Vet 2 bakplaten in en bekleed ze met bakpapier.

Verwarm de melk in de magnetron of een pannetje en voeg de gemalen koffie toe. Of u voegt de espresso toe aan de koude melk.

Roer de boter en suiker met een houten lepel of mixer tot een lichte, luchtige massa. Klop het ei los met de vanille-essence en roer het door de melk. Zeef het meel, het zout en de bakpoeder dooreen en schep het met de hazelnoten door het melkmengsel. Leg met een dessertlepel hoopjes beslag van golfbalformaat op de bakplaten en druk ze met vochtige vingers plat. Bak ze 10-12 minuten totdat ze goudbruin zijn.

Smelt intussen de chocolade au bain-marie en zorg dat het kommetje het water niet raakt. Dompel de koffiebonen in de gesmolten chocolade totdat ze aan alle kanten een chocoladelaagje hebben. Leg op elk koekje een koffieboon zodra ze uit de oven komen. Laat ze afkoelen op de bakplaten.

Macadamiakoekjes met witte chocolade

Bereidingstijd: 20 minuten
Baktijd: 15 minuten
24 stuks

100 g zachte boter
200 g bruine kristalsuiker
2 middelgrote eieren, op kamertemperatuur
1 theelepel vanille-essence
285 g tarwebloem
1 theelepel bakpoeder
½ theelepel fijn zout
200 g witte chocolade van goede kwaliteit, in stukjes
100 g macadamianoten, grof gehakt

Versiering
50 g stukjes witte chocolade

Verwarm de oven voor op 190 °C. Vet 2 bakblikken in en bekleed ze met bakpapier.

Klop de boter en suiker dooreen in een grote kom tot het licht en luchtig is. Voeg 1 ei en de vanille-essence toe en klop totdat het goed is opgenomen, voeg dan het tweede toe en klop opnieuw. Wanneer het gaat klonteren, klopt u er een eetlepel meel doorheen.

Zeef het meel, het zout en de bakpoeder dooreen en meng het door het beslag. Voeg de noten en chocolade toe.

Maak balletjes van pingpongbalformaat en leg die met tussenruimten van 5-8 cm op de bakplaat. Druk de balletjes met vochtige vingers plat tot rondjes van 5 mm dik. Bak ze 8-10 minuten totdat ze bleekgouden randjes hebben. Laat ze iets afkoelen voordat u ze op een rooster plaatst.

Voor de versiering laat u de chocolade au bain-marie smelten, zonder dat het kommetje het water raakt. Verwarm het 2-3 minuten of totdat het helemaal is gesmolten. Niet oververhitten, anders schift de chocolade. Laat het iets afkoelen.

Doop een vork in de chocolade en sprenkel hem over de koekjes. De chocolade stolt binnen een paar minuten.

Chili-chocoladekoekjes

Bereidingstijd: 20 minuten
Baktijd: 15 minuten
20 stuks

100 g zachte boter
200 g donkerbruine basterdsuiker
2 middelgrote eieren, op kamertemperatuur
285 g tarwebloem
1 theelepel bakpoeder
½ theelepel fijn zout
½ theelepel chilipoeder
200 g pure chocolade, fijn gehakt

Versiering
50 g pure chocolade, grof gehakt
1 theelepel chilipepervlokken

Verwarm de oven voor op 190 °C. Vet 2 grote bakplaten in en bekleed ze met bakpapier.

Roer de boter en suiker in een grote kom dooreen. Zodra het mengsel lichter van kleur wordt, klopt u de eieren er een voor een goed doorheen. Wanneer het gaat klonteren, klopt u er een eetlepel bloem doorheen. Zeef het meel, het zout, de bakpoeder, en de chilipoeder dooreen en roer dit door het botermengsel. Doe er ten slotte de fijn gehakte chocolade door.

Leg eetlepels beslag met flinke tussenruimten op de bakplaten en druk ze iets plat met vochtige vingers. Bak ze 10-12 minuten of totdat de koekjes verkleuren. Laat ze ietwat afkoelen op de bakplaten en leg ze dan op een rooster.

Smelt voor de versiering de pure chocolade au bain-marie waarbij het kommetje het water niet raakt. Het duurt 2-3 minuten voordat de chocolade, onder voortdurend roeren, is gesmolten, waarna het een paar minuten moet afkoelen. Doop een vork in de gesmolten chocolade en sprenkel hem over de afgekoelde koekjes. Voordat de chocolade is gestold, bestrooit u de koekjes met wat chilipepervlokjes.

bij een glas melk

Vlinder- en bloemenkoekjes

Bereidingstijd: 40 minuten
Baktijd: 7-8 minuten
24 stuks

75 g zachte boter
75 g poedersuiker
1 middelgroot ei
½ theelepel vanille-essence
250 g tarwebloem, plus wat extra om te bestuiven

Versiering
2-3 eetlepels poedersuiker
375 g lichtblauw glazuur
375 g lichtroze glazuur
2-3 eetlepels abrikozenjam, gezeefd

Verwarm de oven voor op 180 °C. Vet 2-3 bakplaten in en bekleed ze met bakpapier.

Roer de boter en suiker met een houten lepel of mixer tot een luchtig mengsel. Klop het ei en de vanille-essence er goed doorheen. Als het gaat klonteren voegt u een eetlepel bloem toe. Zeef de bloem en schep hem door het mengsel totdat het een stevig deeg vormt. Als het deeg te zacht is om uit te rollen, koelt u het zo'n 20 minuten.

Rol het deeg uit op een koel, met meel bestoven oppervlak tot een lap van 2,5 mm dik. Het deeg uitrollen gaat gemakkelijker als u het deeg tussen twee vellen plastic folie legt. Steek met vlinder- en bloemvormpjes of met de sjablonen op bladzijde 89 zo veel mogelijk koekjes uit. Hoe vaker u het deeg uitrolt, hoe taaier het wordt. Maak de koekjes los met een metalen spatel of vismes en leg ze op de bakplaten. Bak ze 7-8 minuten totdat ze een lichtbleke, gouden kleur hebben. Leg ze op een rooster om af te koelen.

Zodra ze zijn afgekoeld, kunt u de koekjes versieren. Rol het lichtblauwe en lichtroze glazuur apart uit op een koel, met poedersuiker bestoven oppervlak of tussen twee vellen plastic folie, tot lappen van 2,5 mm dik. Gebruik dezelfde koekvormpjes, ditmaal bestoven met poedersuiker, om hetzelfde aantal vormpjes uit te steken. Bestrijk de koekjes met een schoon kwastje met jam zodat het glazuur blijft plakken. Leg de glazuurvormpjes erop en druk ze lichtjes aan.

Met de restjes lichtblauw glazuur maakt u 6 balletjes van krentformaat die u op de bloemetjes legt en platdrukt. U kunt er ook eentje op het midden van de bloem aanbrengen. Voor elke vlinder maakt u van lichtroze glazuur 4 balletjes van krentformaat die u op de vleugels legt en met vochtige vingers platdrukt. Maak dan van lichtroze glazuur een rolletje dat iets korter is dan de lengte van de vlinder. Druk hem op het lijfje van de vlinder. De koekjes zijn nu klaar. Ik garandeer u dat ze uw schaal uit zullen vliegen.

Regenboogkoekjes

Bereidingstijd: 40 minuten
Baktijd: 10 minuten
Koeltijd: 20 minuten
16-20 stuks

90 g zachte boter
90 g poedersuiker
1 middelgroot ei, op kamertemperatuur
½ theelepel vanille-essence
250 g tarwebloem

Versiering
150 g verschillend gekleurde marshmallows

Deze mooie regenboogkoekjes zijn leuk en gemakkelijk om te maken. De marshmallows worden heerlijk plakkerig als ze smelten.

Verwarm de oven voor op 180 °C. Vet 2-3 bakplaten in en bekleed ze met bakpapier.

Roer de boter en suiker met een houten lepel of mixer tot een licht en luchtig mengsel. Klop het ei en de vanille-essence er doorheen. Als het gaat klonteren, voegt u er een eetlepel bloem aan toe. Zeef de bloem en schep die door de massa totdat er een stevig deeg ontstaat. Als het deeg te zacht is om uit te rollen, koelt u het 20 minuten.

Rol het deeg uit op een met bloem bestoven, koel oppervlak of tussen twee vellen plastic folie, tot een lap van 2,5 mm dik. Bestuif een regenboogkoekvormpje met poedersuiker en steek zo veel mogelijk koekjes uit de lap, aangezien het deeg taaier wordt als u het opnieuw uitrolt. U kunt ook uit de losse pols met een mes regenboogvormpjes van 9 cm breed uitsnijden. Maak de koekjes voorzichtig los met een metalen spatel of vismes en leg ze op de bakplaten. Bak ze 8-9 minuten totdat ze bleekgoud zijn. Haal ze uit de oven en schik er de marshmallows op in regenboogstrepen. Zet ze nog 1 minuut in de oven. Laat ze afkoelen op een rooster. Wees voorzichtig, want de marshmallows worden zeer heet.

Gezichtkoekjes

Bereidingstijd: 40 minuten
Baktijd: 5 minuten
Koeltijd: tot 20 minuten
30 stuks

90 g zachte boter
90 g poedersuiker
1 middelgroot ei, op kamertemperatuur
½ theelepel vanille-essence
240 g tarwebloem
2 eetlepels cacaopoeder

Versiering
2-3 eetlepels poedersuiker
375 g roze of bruin glazuur
2-3 eetlepels aardbeienjam, gezeefd
een aantal eetbaar-glazuurpennen

Verwarm de oven voor op 180 °C. Vet 2 bakplaten in en bekleed ze met bakpapier.

Roer de boter en suiker met een houten lepel of mixer tot een luchtige massa. Klop het ei en de vanille-essence erdoorheen. Houd 2 eetlepels meel achter. Zeef het resterende meel en cacaopoeder dooreen en schep het door het mengsel totdat het een stevig deeg is. Als het deeg te zacht is om uit te rollen, koelt u het 20 minuten.

Rol het deeg uit op een koel, met meel bestoven oppervlak of tussen twee vellen plastic folie, tot een lap van 2,5 mm dik. Steek zo veel mogelijk rondjes met een diameter van 4-5 cm uit het deeg, aangezien het deeg taaier wordt naarmate u het vaker uitrolt. Haal de rondjes er voorzichtig uit met een metalen spatel of vismes en leg ze op de bakplaten. Bak ze 5 minuten en leg ze op een rooster om af te koelen.

Voor de versiering rolt u het glazuur uit op een koel, met poedersuiker bestoven oppervlak tot een lap van 2,5 mm dik. Snijd dezelfde hoeveelheid rondjes van hetzelfde formaat uit het glazuur. Plak het glazuur met de jam op de koekjes. Teken er met de glazuurpennen lachende gezichtjes op.

Dolfijnkoekjes

Bereidingstijd: 25 minuten
Baktijd: 5-6 minuten
Koeltijd: tot 20 minuten
25 stuks

90 g zachte boter
90 g poedersuiker
1 eetlepel vloeibare honing
1 theelepel fijn geraspte sinaasappelschil
1 middelgroot ei, op kamertemperatuur
½ theelepel amandelessence
250 g tarwebloem, plus extra om te bestuiven

Versiering
2-3 eetlepels poedersuiker
375 g zilverblauw glazuur
2-3 eetlepels marmelade, gezeefd
kleine snoepjes voor de ogen

De dolfijn is zo'n eenvoudige, herkenbare vorm dat het koekje weinig versiering nodig heeft. Voor de ogen kunt u kleine, gekleurde snoepjes gebruiken.

Verwarm de oven voor op 180 °C. Vet 2 bakplaten in en bekleed ze met bakpapier.

Klop de boter, suiker en honing met een houten lepel of mixer tot een lichte, luchtige massa. Klop de sinaasappelschil, het ei en de amandelessence erdoorheen. Zeef de bloem en schep hem erdoor totdat er een stevig deeg ontstaat. Als het deeg te zacht is om uit te rollen, koelt u het 20 minuten.

Rol het deeg uit op een met bloem bestoven, koel oppervlak of tussen twee vellen plastic folie, tot een lap van 2,5 mm dik. Steek met een dolfijnvormpje van 4-5 cm breed of het sjabloon op bladzijde 89 zo veel mogelijk koekjes uit, aangezien het deeg taaier wordt als u het vaker uitrolt. Verwijder de koekjes met een metalen spatel of vismes en leg ze op de bakplaten. Bak ze 5-6 minuten. Laat ze op een rooster afkoelen.

Zodra ze zijn afgekoeld, kunt u de koekjes versieren. Rol het zilverblauwe glazuur op een koel, met poedersuiker bestoven oppervlak of tussen twee vellen plastic folie, tot een lap van 2,5 mm dik. Bestuif het uitsteekvormpje met poedersuiker en snijd dezelfde hoeveelheid dolfijnen uit het glazuur. Bestrijk elk koekje met marmelade, leg het glazuur erop en druk het licht aan. Druk op elke dolfijn een snoepje als oog.

Kruidkoekjes

Bereidingstijd: 20 minuten
Baktijd: 10-12 minuten
24 stuks

60 g zachte boter
120 g ongeraffineerde suiker
2 middelgrote eieren, op kamertemperatuur
2 eetlepels melk
1 eetlepel vanille-essence
240 g tarwebloem
1 theelepel bakpoeder
½ theelepel fijn zout
1 theelepel kaneel
1 theelepel gemalen gember
½ theelepel gemalen kruidnagel
¼ theelepel gemalen nootmuskaat

Versiering
2 eetlepels vloeibare honing
2 eetlepels roze strooisel

Deze koekjes zijn fantastisch voor een meisjesfeestje. De meisjes kunnen ze zelf versieren of als traktatie mee naar huis krijgen. Roze strooisel is te krijgen in kookwinkels of in de grotere supermarkten.

Verwarm de oven voor op 180 °C. Vet 2 bakplaten in en bekleed ze met bakpapier.

Roer de boter en suiker met een houten lepel of mixer tot een licht en luchtig mengsel. Klop de eieren er een voor een doorheen en voeg dan de melk en vanille-essence toe. Klop totdat alles goed is opgenomen. Zeef het meel, het zout, de bakpoeder en de kruiden dooreen en schep ze door het mengsel totdat er een zacht deeg ontstaat.

Rol het deeg in balletjes van golfbalformaat en leg die op de bakplaten met 5 cm tussenruimte, omdat de koekjes uitvloeien tijdens het bakken. Druk ze met vochtige vingers plat tot rondjes van 5 mm dik. Bak ze 10-12 minuten tot de randjes knapperig worden. Leg ze op een rooster om af te koelen.

Zodra de koekjes zijn afgekoeld, warmt u de honing op totdat hij zo dun is dat u ermee kunt schilderen. Schilder met een schoon kwastje een hartje of ander eenvoudig vormpje op de koekjes, strooi het roze strooisel over de honing en schud het overtollige eraf. Serveer ze meteen.

Boter-kaas-en-eierenkoekjes

Bereidingstijd: 40 minuten
Baktijd: 5 minuten
Koeltijd: tot 20 minuten
30 stuks

90 g zachte boter
90 g poedersuiker
1 middelgroot ei, op kamertemperatuur
½ theelepel vanille-essence
240 g tarwebloem, plus extra om te bestuiven

Versiering
2-3 eetlepels poedersuiker
360 g wit glazuur
2-3 eetlepels abrikozenjam, gezeefd
30 g zwart glazuur

Van mijn moeder mocht ik nooit met mijn eten spelen, maar we kunnen een uitzondering op deze regel maken! Maak een raster voor boter-kaas-en-eieren op een schoolbord of op een stuk karton. Er moeten genoeg koekjes zijn om veel potjes te spelen waarbij de winnaar steeds een koekje van de tegenstander mag opeten.

Verwarm de oven voor op 180 °C. Vet 2 bakplaten in en bekleed ze met bakpapier.

Roer de boter en suiker met een houten lepel of mixer tot een lichte, luchtige massa. Klop het ei en de vanille-essence erdoor en voeg een lepel bloem toe als het gaat klonteren. Zeef de bloem en schep hem door het mengsel totdat er een stevig deeg ontstaat. Als het deeg te zacht is om uit te rollen, koelt u het 20 minuten.

Rol het deeg uit op een met bloem bestoven, koel oppervlak of tussen twee vellen plastic folie, tot een lap van 2,5 mm dik. Steek met een vormpje van 4-5 cm zo veel mogelijk rondjes uit het deeg, want hoe vaker u het deeg uitrolt, hoe taaier het wordt. Verwijder de rondjes voorzichtig met een metalen spatel of vismes en leg ze op de bakplaten. Bak ze 5 minuten totdat ze licht goudgeel zijn en leg ze op een rooster om af te koelen.

Zodra ze zijn afgekoeld, kunt u de koekjes versieren. Rol het witte glazuur uit op een koel oppervlak, bestoven met poedersuiker of tussen twee vellen plastic folie, tot een lap van 2,5 mm dik. Bestuif het koekvormpje met poedersuiker en steek hetzelfde aantal rondjes uit het glazuur. Bestrijk de koekjes met een schoon kwastje met jam, leg de glazuurrondjes erop en druk ze lichtjes aan. Rol nu het zwarte glazuur uit, iets dunner dan het witte glazuur. Snijd voorzichtig 30 strookjes uit die iets korter zijn dan de diameter van de koekjes en leg twee strookjes over 15 van de koekjes in een kruisvorm. Laat de overige 15 koekjes wit. Het spel kan beginnen – succes!

Malteserkoekjes

Bereidingstijd: 20-25 minuten
Baktijd: 10-12 minuten
18 stuks

85 g zachte boter
170 g kristalsuiker
1 ei
150 g tarwebloem
1 theelepel bakpoeder
1 theelepel cacaopoeder
100 g Maltesers, grof gehakt

Versiering
9 Maltesers, doormidden gesneden

Als u niet van Maltesers houdt of als het zakje dat u pas geleden nog had gekocht leeg blijkt te zijn, kunt u ook dezelfde hoeveelheid melkchocolaatjes en 2 eetlepels Ovomaltine gebruiken.

Verwarm de oven voor op 180 °C. Vet 2 bakplaten in en bekleed ze met bakpapier.

Roer de boter en suiker tot een lichte, luchtige massa. Voeg het ei toe en klop 1 minuut tot het goed is opgenomen. Zeef het meel, de bakpoeder en cacaopoeder dooreen en schep het door het beslag. Voeg de Maltesers toe en vermeng ze goed. Leg met een eetlepel hoopjes deeg op de bakplaten met 5 cm tussenruimte, omdat de koekjes uitvloeien tijdens het bakken. Druk ze ietwat plat met vochtige vingers. Bak de koekjes 10-12 minuten totdat de randjes goudbruin verkleuren.

Ter versiering drukt u op elk warm koekje een halve Malteser. Laat ze 2 minuten op de bakplaten afkoelen voordat u ze op een rooster legt om helemaal af te koelen. Serveer op kamertemperatuur.

Toffee-appelkoekjes

Bereidingstijd: 15 minuten
Baktijd: 10-12 minuten
20 stuks

60 g zachte boter
60 g bruine basterdsuiker
120 g kristalsuiker
1 ei
1 pot appelmoes (250 g)
175 g tarwebloem
1 theelepel bakpoeder
90 g toffees, grof gehakt

De stukjes toffee dienen ter versiering, omdat ze boven het oppervlak van de koekjes uitkomen tijdens het bakken. Een heerlijke variant van toffee-appels.

Verwarm de oven voor op 200 °C. Vet 2 bakplaten in met een beetje boter.

Roer de boter en suiker met een houten lepel of mixer tot een lichte, luchtige massa. Klop het ei er goed doorheen voordat u de appelmoes toevoegt. Zeef het meel en de bakpoeder dooreen en meng het door het beslag. Voeg nu de toffeestukjes toe. Het deeg hoort vochtig te zijn. Leg eetlepels deeg op de bakplaten en druk de hoopjes plat met vochtige vingers. Bak de koekjes 10-12 minuten totdat de randjes goudbruin worden. Laat ze 2 minuten op de bakplaten afkoelen voordat u ze op een rooster legt om helemaal af te koelen. Serveer op kamertemperatuur.

Crunchie-koekjes

Bereidingstijd: 25 minuten
Baktijd: 10-12 minuten
20 stuks

60 g zachte boter
120 g bruine basterdsuiker
1 ei
180 g tarwebloem
1 theelepel bakpoeder
1 theelepel cacaopoeder
85 g grof gehakte Crunchies (krokante repen met een chocoladelaagje)

Versiering
35 g Crunchies in plakjes

Deze koekjes zijn heerlijk omdat de Crunchies smelten tijdens het bakken. Probeer de koekjes te laten afkoelen voordat u ze eet, want vanbinnen zijn ze gloeiend heet.

Verwarm de oven voor op 200 °C. Vet 2 bakplaten in en bekleed ze met bakpapier.

Roer de boter en suiker tot een bleke, luchtige massa. Klop het ei erdoor totdat het volledig is opgenomen. Zeef het meel, de bakpoeder en cacaopoeder dooreen en schep het door het beslag. Kneed de stukjes Crunchie erdoor. Rol het deeg tot balletjes van golfbalformaat, leg ze op de bakplaten en druk ze met vochtige vingers plat. Leg 1 of 2 plakjes Crunchie op elk koekje. Bak ze 10-12 minuten totdat de randen goudbruin zijn. Laat ze 2 minuten afkoelen voordat u ze op een rooster legt om helemaal af te koelen. Serveer op kamertemperatuur.

Mint-chocokoekjes

Bereidingstijd: 25 minuten
Baktijd: 12-15 minuten
20 stuks

120 g zachte boter
60 g kristalsuiker
60 g bruine basterdsuiker
een paar druppels vanille-essence
1 middelgroot ei, op kamertemperatuur
180 g tarwebloem
1 theelepel bakpoeder
150 g mintchocolaatjes

Versiering
10 mintchocolaatjes, doormidden gesneden

De combinatie van chocolade en frisse mint smaakt naar meer voor iedereen die van After Eight houdt.

Verwarm de oven voor op 180 °C. Vet 2 bakplaten in en bekleed ze met bakpapier.

Roer de boter en suiker tot een lichte, luchtige massa. Voeg het ei en de vanille-essence toe en klop 1 minuut tot het volledig is opgenomen. Zeef het meel en de bakpoeder dooreen en schep het voorzichtig door het deeg. Hak de mintchocolaatjes grof en roer ze door het deeg. Leg eetlepels deeg op de bakplaten met 5 cm tussenruimte, omdat de koekjes tijdens het bakken uitvloeien. Druk ze met vochtige vingers plat. Bak ze 5 minuten, haal ze uit de oven en leg een half mintchocolaatje op elk koekje. Bak de koekjes dan nog 7-10 minuten totdat de randjes goudbruin worden. Laat ze 2 minuten afkoelen voordat u ze op een rooster legt om helemaal af te koelen. Serveer op kamertemperatuur.

Teddybeerkoekjes

Bereidingstijd: 35 minuten
Baktijd: 7-8 minuten
Koeltijd: 20 minuten
20-25 stuks

90 g zachte boter
90 g poedersuiker
1 middelgroot ei, op kamertemperatuur
½ theelepel vanille-essence
240 g tarwebloem, plus extra om te bestuiven

Versiering
2-3 eetlepels poedersuiker
360 g lichtbruin glazuur
2-3 eetlepels abrikozenjam, gezeefd
3 eetlepels roze, ronde snoepjes
1 zwarte eetbaar-glazuurpen

Eetbaar-glazuurpennen zijn in kookwinkels te krijgen en zijn leuk om taarten of koekjes mee te versieren. Ze zijn in allerlei kleuren te koop.

Verwarm de oven voor op 180 °C. Vet 2-3 bakplaten in en bekleed ze met bakpapier.

Roer de boter en suiker met een houten lepel of mixer tot een lichte, luchtige massa. Voeg het ei en de vanille-essence toe en klop het goed. Als het beslag klonterig wordt, klopt u er een eetlepel bloem doorheen. Zeef de bloem en schep hem erdoorheen zodat er een stevig deeg ontstaat. Als het deeg te zacht is om uit te rollen, koelt u het 20 minuten.

Rol het deeg uit op een met bloem bestoven, koel oppervlak of tussen twee vellen plastic folie, tot een lap van 2,5 mm dik. Bestuif een berenkoekvormpje met meel en steek zo veel mogelijk koekjes uit. Hoe vaker u het deeg uitrolt, hoe taaier het wordt. Verwijder de koekjes met een metalen spatel of vismes en leg ze op de bakblikken. Bak ze 7-8 minuten totdat de koekjes bleek goudbruin zijn. Laat ze afkoelen op een rooster.

Zodra ze zijn afgekoeld, kunt u de koekjes versieren. Rol het lichtbruine glazuur uit op een koel, met poedersuiker bestoven oppervlak of tussen 2 vellen plastic folie, tot een lap van 2,5 mm dik. Bestuif het koekvormpje nu met poedersuiker en snijd hetzelfde aantal beervormen uit het glazuur. Bestrijk elk koekje met wat abrikozenjam, leg er een glazuurbeer op en druk hem lichtjes aan. Versier de beertjes met roze snoepjes als pootjes en knopen en druk ze ietwat aan zodat ze er niet afvallen. Teken zorgvuldig oogjes, neusjes en mondjes met de zwarte glazuurpen.

Teken je eigen plaatje

Bereidingstijd: tot 45 minuten
Baktijd: 5 minuten
Koeltijd: tot 20 minuten
30 stuks

90 g zachte boter
90 g poedersuiker
1 middelgroot ei, op kamertemperatuur
½ theelepel vanille-essence
250 g tarwebloem, plus extra om te bestuiven

Versiering
2-3 eetlepels poedersuiker
360 g wit glazuur
2-3 eetlepels abrikozenjam, gezeefd
verschillende eetbaar-glazuurpennen

Dit is een geweldige manier om kinderen bezig te houden op verjaardagsfeestjes. Ze kunnen hun eigen koekjes versieren en mee naar huis nemen.

Verwarm de oven voor op 180 °C. Vet 2 bakplaten in en bekleed ze met bakpapier.

Roer de boter en suiker met een houten lepel of mixer tot een lichte, luchtige massa. Klop het ei en de vanille-essence erdoor. Als het gaat klonteren, voegt u een eetlepel bloem toe. Zeef de bloem en schep hem door het mengsel totdat er een stevig deeg ontstaat. Als het deeg te zacht is om uit te rollen, koelt u het 20 minuten.

Rol het deeg uit op een koel, met bloem bestoven oppervlak of tussen twee vellen plastic folie, tot een lap van 2,5 mm dik. Steek met een koekvormpje van 4-5 cm zo veel mogelijk rondjes uit, aangezien het deeg taaier wordt naarmate u het vaker uitrolt. Verwijder de rondjes met een metalen spatel of vismes en leg ze op de bakplaten. Bak ze 5 minuten totdat de koekjes licht goudbruin zijn. Laat ze afkoelen op een rooster.

Als ze zijn afgekoeld, kunt u de koekjes versieren. Rol het witte glazuur uit op een met poedersuiker bestoven oppervlak of tussen twee vellen plastic folie, tot een lap van 2,5 mm dik. Bestuif hetzelfde koekvormpje met poedersuiker en steek hetzelfde aantal rondjes uit. Bestrijk elk koekje met abrikozenjam, leg er een rondje glazuur op en druk dat lichtjes aan. Geef de kinderen eetbaar-glazuurpennen en laat ze hun eigen plaatje tekenen op het glazuur. Simpele ontwerpen lukken het beste.

2

Autokoekjes

Bereidingstijd: 35 minuten
Baktijd: 5-8 minuten
Koeltijd: 1 uur
25-30 stuks

240 g tarwebloem
90 g bruine suiker
3-4 eetlepels suikerstroop
1 middelgroot ei, op kamertemperatuur, losgeklopt (u hebt maar de helft nodig)
1 theelepel fijn geraspte citroenschil
½ theelepel koekkruiden
½ theelepel gemalen gember
¼ theelepel bakpoeder
snufje fijn zout
extra bloem om te bestuiven

Versiering
2 eetlepels poedersuiker
360 g glazuur in uw lievelingskleur
2 eetlepels abrikozenjam, gezeefd
60 g zwart glazuur

U kunt elke kleur glazuur nemen om de auto's te versieren, maar zelf vind ik de primaire kleuren het geschiktst. Als u veel restjes glazuur hebt, kunt u een hele reeks verschillend gekleurde auto's maken.

Verwarm de oven voor op 190 °C. Vet 2 bakplaten in en bekleed ze met bakpapier.

Roer de boter romig. Voeg de helft van de bloem eraan toe, samen met de suiker, stroop, de helft van het ei, citroenschil, kruiden, bakpoeder en het zout. Klop het mengsel glad met een houten lepel of een mixer op de laagste stand. Roer het resterende meel erdoor en kneed het in 30 seconden tot een glad deeg. Wikkel het deeg in plastic folie en leg het een uur in de koelkast.

Rol het deeg uit op een koel, met bloem bestoven oppervlak of tussen twee vellen plastic folie tot een lap van 5 mm dik. Neem een koekvormpje of het auto-sjabloon van bladzijde 91 en steek zo veel mogelijk autootjes uit, aangezien het deeg taaier wordt naarmate u het vaker uitrolt. Verwijder de koekjes met een metalen spatel of vismes en leg ze op de bakplaten. Bak ze 5-8 minuten totdat de randen van de koekjes verkleuren. Laat ze 2 minuten afkoelen voordat u ze op een rooster legt om helemaal af te koelen.

Zodra ze zijn afgekoeld, kunt u de koekjes versieren. Rol het glazuur uit op een met poedersuiker bestoven oppervlak of tussen twee vellen plastic folie tot een lap van 2,5 mm dik. Bestuif het koekvormpje nu met poedersuiker en steek hetzelfde aantal vormpjes uit. Bestrijk de koekjes met gezeefde jam, leg de glazuurvormpjes erop en druk ze lichtjes aan. Rol het zwarte glazuur uit tot een iets dunnere lap voor de wielen. Steek de wielen uit met een klein rond vormpje of het uiteinde van een buis. Verwijder de rondjes en leg er twee onder elke auto. Druk ze lichtjes aan.

Koekemannetjesgezin

Bereidingstijd: 25 minuten
Koeltijd: 1 uur
Baktijd: 6-8 minuten groot formaat, 5 minuten klein formaat
8-9 gezinnetjes

120 g zachte boter
480 g tarwebloem
180 g bruine suiker
60 g suikerstroop
1 middelgroot ei, op kamertemperatuur
1 eetlepel fijn geraspte sinaasappelschil
1 theelepel koekkruiden
1 theelepel gemalen gember
½ theelepel bakpoeder
¼ theelepel fijn zout
extra bloem om te bestuiven

Versiering
1 tubetje wit schrijfglazuur

Verwarm de oven voor op 190 °C. Vet 3-4 bakplaten in en bekleed ze met bakpapier.

Roer de boter romig en voeg de helft van de bloem met de suiker, stroop, sinaasappelschil, bakpoeder, het ei en het zout toe. Klop het geheel glad met een houten lepel of een mixer op de laagste stand. Voeg de resterende bloem toe en kneed er in 30 seconden een glad deeg van. Wikkel het deeg in plastic folie en leg het 1 uur in de koelkast.

Rol het deeg uit op een met bloem bestoven oppervlak tot een lap van 5 mm dik. U moet dit misschien in twee keer doen als het oppervlak te klein is. Bestuif de koekvormpjes met bloem en gebruik eventueel de sjablonen van bladzijde 90. Snijd zo veel mogelijk koekjes uit. Leg ze met goede tussenruimten op de bakplaten en bak de grote formaten in 6-8 minuten, de kleine in 5 minuten. Laat ze even op de bakplaten afkoelen voordat u ze op een rooster legt om helemaal af te koelen.

Versier de koekemannetjes met neuzen, ogen en knoopjes en laat het glazuur 2 minuten stollen voor het serveren.

Pindakaaskoekjes

Bereidingstijd: 15 minuten
Baktijd: 25-30 minuten
25-30 stuks

120 g pindakaas met stukjes
fijn geraspte schil van een halve sinaasappel
60 g poedersuiker
3-4 eetlepels lichtbruine suiker
60 g zachte boter
1 middelgroot ei
120 g tarwebloem
1 theelepel bakpoeder

Versiering
60 g pinda's
2 eetlepels suikerstroop

Zelf gebruik ik graag pindakaas met stukjes voor deze koekjes, maar u kunt ook smeuïger pindakaas gebruiken.

Verwarm de oven voor op 150 °C. Vet 2 bakplaten in en bekleed ze met bakpapier.

Klop de pindakaas, sinaasappelschil, suiker en boter met een houten lepel of mixer tot een lichte, luchtige massa. Klop het ei erdoorheen en als het helemaal is opgenomen, schept u er het meel en de bakpoeder door. Kneed het geheel tot een samenhangend deeg. Rol balletjes van pingpongbalformaat, leg ze met tussenruimten op de bakplaten en druk ze met vochtige vingers plat. Bak ze 15 minuten.

Hak in de tussentijd de pinda's grof en wentel de stukjes aan alle kanten door de stroop. Leg een theelepel pindastukjes op elk koekje en schuif de bakplaat weer 10 minuten in de oven. Laat ze 2-3 minuten afkoelen voordat u ze op een rooster legt om helemaal af te koelen. Ze zijn ook heerlijk als u ze warm serveert.

Handenkoekjes

Bereidingstijd: 35 minuten
Koeltijd: 1 uur
Baktijd: 5-8 minuten
10-15 stuks

60 g zachte boter
140 g tarwebloem
50 g bruine suiker
3-4 eetlepels suikerstroop
1 middelgroot ei, op kamertemperatuur, losgeklopt (u hebt maar de helft nodig)
½ eetlepel fijn geraspte sinaasappelschil
½ theelepel koekkruiden
½ theelepel gemalen gember
¼ theelepel bakpoeder
snufje fijn zout
extra bloem om te bestuiven

Versiering
2 eetlepels poedersuiker
360 g lichtroze of bruin glazuur
2 eetlepels abrikozenjam, gezeefd

Betrek het hele gezin bij deze koekjes door iedereen zijn of haar hand over te laten trekken. Zodra de koekjes zijn gebakken en versierd, kan iedereen raden wiens hand het is.

Verwarm de oven voor op 190 °C. Vet 2 bakplaten in en bekleed ze met bakpapier.

Roer de boter glad. Voeg de helft van de bloem met de suiker, stroop, de helft van het ei, de sinaasappelrasp, kruiden, bakpoeder en het zout toe. Klop het geheel glad met een houten lepel of een mixer. Voeg de resterende bloem toe en kneed er in 30 seconden een glad deeg van. Wikkel het deeg in plastic folie en leg het 1 uur in de koelkast.

Trek in de tussentijd alle handen over op papier en knip de sjablonen uit.

Rol het deeg uit op een koel, met bloem bestoven oppervlak of tussen 2 vellen plastic folie tot een lap van 5 mm dik. Leg de handsjablonen op het deeg en snijd de koekjes uit met een mesje. Bewaar de sjablonen voor het glazuur. Verwijder de koekjes met een metalen spatel of vismes en leg ze met 2,5 cm tussenruimte op de bakplaten. Bak ze 5-8 minuten. Laat ze 2 minuten afkoelen voordat u ze op een rooster legt om helemaal af te koelen.

Als de koekjes zijn afgekoeld, kunt u ze versieren. Rol het glazuur uit op een met poedersuiker bestoven oppervlak of tussen twee vellen plastic folie, tot een lap van 2,5 mm dik. Met de handsjablonen snijdt u hetzelfde aantal vormpjes uit. Bestrijk de koekjes met gezeefde jam, leg het glazuur erop en druk dat lichtjes aan. U kunt de knokkels van de vingers aangeven door groefjes aan te brengen met een satéstokje en de nagels met het uiteinde van een theelepeltje of uw vingertop.

bij een aperitief

Parmezaanse venkelkoekjes

Bereidingstijd: 15-20 minuten
Baktijd: 8-10 minuten
14-16 stuks

50 g fijn geraspte Parmezaanse kaas
50 g zachte boter
2 eetlepels venkelzaadjes
70 g tarwebloem
snufje fijn zout

Versiering
1 eetlepel venkelzaadjes

Venkelzaad heeft dezelfde anijsachtige smaak als het loof van venkelknollen. De combinatie met Parmezaanse kaas zorgt voor heerlijke koekjes. Serveer ze met gekoelde, droge Italiaanse witte wijn.

Verwarm de oven voor op 200 °C. Vet 2 bakplaten in en bekleed ze met bakpapier.

Roer de Parmezaanse kaas en boter met een houten lepel goed door elkaar. Wrijf het venkelzaad in een vijzel fijn en voeg het toe, samen met het meel en zout. Kneed het in 1 minuut tot een samenhangend deeg. Voeg geen water toe, want het deeg moet redelijk droog blijven. Rol het deeg tot balletjes van knikkerformaat, leg ze op de bakplaten en druk ze met vochtige vingers plat. Strooi venkelzaad over de rondjes en druk ze lichtjes aan. Bak de koekjes in 8-10 minuten goudbruin.

Laat de koekjes afkoelen op een rooster of serveer ze warm. Als u ze van tevoren klaarmaakt, kunt u ze het beste helemaal laten afkoelen en dan bewaren in een luchtdicht bakje.

Rozemarijnkoekjes met zongedroogde tomaat

Bereidingstijd: 40 minuten
Baktijd: 10 minuten
30-35 stuks

150 g koude boter in blokjes
150 g tarwebloem
1 eetlepel fijngehakte, verse rozemarijn
1 eetlepel zongedroogde tomatenpuree
1 theelepel fijn zout
1 theelepel vers gemalen peper

Zongedroogde tomatenpuree is tegenwoordig verkrijgbaar in de grotere supermarkten. U vindt deze in de gang van de tomatenpuree en tomaten in blik. Het blijft in de koelkast een maand goed en is te gebruiken om boterhammen te beleggen of bij mediterrane gerechten.

Doe alle ingrediënten in een blender en vermeng ze tot ze op fijne broodkruimels lijken. Ga niet te lang door, anders wordt het deeg taai. Als u geen blender hebt, wrijft u de boter tussen uw vingers fijn in het meel totdat het geheel op broodkruimels lijkt. Voeg dan de andere ingrediënten toe. Kneed alles tot een deeg, verpak het in plastic folie en leg het 30 minuten in de koelkast.

Verwarm de oven voor op 200 °C. Vet 2-3 bakplaten in en bekleed ze met bakpapier.

Rol het deeg uit op een koel, met bloem bestoven oppervlak tot een lap van 2,5 mm dik. Dit gaat het gemakkelijkst tussen twee vellen plastic folie. Snijd er 30-35 rondjes van 2,5 cm diameter uit, leg ze op de bakplaten en bak ze in 8-10 minuten gaar. Laat ze afkoelen op een rooster en serveer ze of bewaar ze in een luchtdicht bakje.

Geurige tijm-citroenkoekjes

Bereidingstijd: 15-20 minuten
Baktijd: 8-10 minuten
14-16 stuks

100 g fijn geraspte milde cheddarkaas
50 g zachte boter
2 eetlepels gekneusde, verse tijmblaadjes
fijn geraspte schil van 1 citroen
snufje fijn zout
¼ theelepel grof gemalen zwarte peper
60 g tarwebloem

Versiering
een paar takjes tijm

Gekneusde tijmblaadjes geven hun aromatische etherische oliën af, die deze koekjes hun heerlijke smaak geven. Als u voor dit recept liever citroentijm gebruikt, gebruik dan de geraspte schil van een halve citroen.

Verwarm de oven voor op 200 °C. Vet 2 bakplaten in en bekleed ze met bakpapier.

Roer de cheddar en boter goed door elkaar met een houten lepel. Voeg de tijmblaadjes, citroenschil, het zout en de zwarte peper toe en vervolgens de bloem. Roer het mengsel totdat het een zacht en goed vermengd deeg vormt. Dat gaat het best door het deeg een minuut met uw handen te kneden. Rol het deeg tot balletjes van knikkerformaat, leg die op de bakplaten en druk ze plat met vochtige vingers. Bak ze in 8-10 minuten totdat ze goudbruin zijn. Laat ze even op de bakplaten afkoelen voordat u ze op een rooster legt om helemaal af te koelen. Als u ze warm wilt serveren, leg ze dan op een verwarmde serveerschaal, versierd met tijmtakjes. Takjes met paarse bloemetjes zijn het allermooist.

Peperkoekjes met groene olijven

Bereidingstijd: 15-20 minuten
Baktijd: 8-10 minuten
24 stuks

55 g geraspte cheddarkaas, op kamertemperatuur
120 zachte boter
¼ theelepel grof gemalen zwarte peper
55 g tarwebloem
25 g ontpitte groene olijven, fijngehakt
1½ theelepel fijngehakte rode pepers, zonder zaadjes

Versiering
6 ontpitte groene olijven

Als u een glas hebt met een patroon op de onderkant kunt u het op de koekjes stempelen. Met paprika gevulde olijven zien er prachtig uit en smaken heerlijk als versiering op deze koekjes.

Verwarm de oven voor op 200 °C. Vet 2 bakplaten in en bekleed ze met bakpapier.

Vermeng de cheddar en boter met een houten lepel tot een glad mengsel. Voeg de zwarte peper, bloem en olijven toe en kneed het in ongeveer 1 minuut tot een samenhangend deeg. Rol het tot balletjes van knikkerformaat, leg ze op de bakplaten en druk ze plat met vochtige vingers of met de onderkant van een glas. Snijd de olijven in vieren en leg een plakje op elk koekje. Bak ze 8-10 minuten totdat de koekjes goudbruin zijn.

U kunt deze koekjes warm serveren of op een rooster laten afkoelen tot kamertemperatuur.

Paprikakoekjes

Bereidingstijd: 15-20 minuten
Baktijd: 8-10 minuten
14-16 stuks

1 rode paprika
100 g fijn geraspte milde cheddarkaas
50 g zachte boter
2 theelepels gehakte verse oregano
snufje fijn zout
1 theelepel zwarte peper
60 g tarwebloem

Versiering
een paar takjes oregano

Als u van pizza houdt, zult u smullen van deze eenhapskoekjes met alle smaken van een pizza maar zonder deeg, zodat u genoeg trek overhoudt voor een maaltijd.

Verwarm de oven voor op 200 °C. Vet 2 bakplaten in en bekleed ze met bakpapier.

Leg de paprika op een bakplaat en bak hem 20 minuten tot de schil een beetje zwart is. Haal hem uit de oven en leg hem in een plastic zakje of een kom bedekt met plastic folie in de koelkast totdat hij koud is.

Vermeng intussen de cheddar met de boter tot een glad mengsel. Verwijder van de afgekoelde paprika de zaadlijsten en schil en hak hem fijn. Voeg hem toe aan het mengsel, samen met de oregano, het zout en de zwarte peper. Kneed er in 30 seconden het meel doorheen tot een glad maar enigszins plakkerig deeg. Rol het in balletjes van walnootformaat, leg ze op de bakplaten en druk ze met vochtige vingers plat tot rondjes van 5 mm dik. Bak ze 8-10 minuten.

Laat ze even op de bakplaten afkoelen en leg ze dan op een rooster om helemaal af te koelen. Serveer ze warm of op kamertemperatuur. Versier ze met takjes verse oregano.

Marmite-koekjes

Bereidingstijd: 15-20 minuten
Baktijd: 8 minuten
14-16 stuks

100 g fijn geraspte milde cheddarkaas
50 g zachte boter
2 eetlepels Marmite
snufje fijn zout
¼ theelepel vers gemalen zwarte peper
60 g tarwebloem

Versiering
2 eetlepels amandelsnippers

Ik ben dol op Marmite, maar er zijn ook mensen die het vies vinden. Als u in de laatste categorie valt, leest u waarschijnlijk niet verder! Een tip om Marmite of andere kleverige zaken zorgvuldig af te meten: wrijf de maatlepel in met plantaardige olie zodat de Marmite er gemakkelijk afglijdt.

Verwarm de oven voor op 200 °C. Vet 2 bakplaten in en bekleed ze met bakpapier.

Roer de cheddar en boter met een houten lepel door elkaar tot een glad mengsel. Voeg de Marmite, het zout en de zwarte peper toe en roer tot de massa goed is vermengd. Schep de bloem erdoorheen en kneed het in 30 seconden tot een samenhangend, plakkerig deeg. Als het te plakkerig is, bestuif uw handen dan met bloem voordat u het deeg tot balletjes van walnootformaat rolt. Leg ze op de bakplaten, druk ze plat met uw vingers en leg op elk rondje een amandelsnipper. Bak ze 8-10 minuten. Laat ze 3-4 minuten op de bakplaten afkoelen voordat u ze op een rooster legt om helemaal af te koelen.

Parmezaanse cayenneknabbels

Bereidingstijd: 40 minuten
Baktijd: 8-10 minuten
35-40 stuks

125 g zachte boter
110 g tarwebloem
25 g fijn geraspte Parmezaanse kaas
½ theelepel cayennepeper
½ theelepel zwarte peper

Versiering
1 eetlepel geraspte Parmezaanse kaas
½ theelepel cayennepeper

Deze heerlijke knabbels smaken heerlijk als snack bij een drankje voor het eten. U kunt ze van tevoren klaarmaken door de uitgestoken deegvormpjes in te vriezen. Als u ze wilt serveren, doet u ze rechtstreeks vanuit de vriezer in de oven. Ze zijn in een wip klaar.

Vet 2 bakplaten in en bekleed ze met bakpapier.

Vermeng alle ingrediënten in de blender totdat ze eruitzien als broodkruimels. U kunt ook de boter, bloem en kaas met uw vingers wrijven totdat alles op broodkruimels lijkt en dan de cayennepeper en zwarte peper erdoor roeren. Kneed het deeg met uw handen, niet te lang, anders worden de koekjes taai. Wikkel het deeg in plastic folie en koel het 30 minuten.

Verwarm de oven voor op 200 °C.

Rol het deeg uit op een koel, met bloem bestoven oppervlak tot een rechthoek van 5 mm dik. Snijd met een mes rechthoekjes van 5 x 1 cm uit en leg ze op de bakplaten. Bak ze 8-10 minuten totdat de knabbels goudbruin zijn. Laat ze even op de bakplaten afkoelen voordat u ze op een rooster legt om helemaal af te koelen. Pak ze voorzichtig beet, want ze zijn erg bros.

Cheddarkoekjes

Bereidingstijd: 25 minuten
Baktijd: 10 minuten
24 stuks

110 g geraspte cheddarkaas, op kamertemperatuur
50 g zachte boter
1 theelepel mosterd, bij voorkeur Engelse
¼ theelepel gemalen zwarte peper
snufje fijn zout
50 g tarwebloem
1 eetlepel gesnipperde bieslook

Versiering
1 eetlepel witte mosterdzaadjes

In plaats van bieslook kunt u ook het groen van lente-uitjes gebruiken of, voor een heel andere smaak, fijngehakte peterselie.

Verwarm de oven voor op 200 °C. Bekleed 2 bakplaten met bakpapier.

Roer de kaas en boter samen tot een glad en samenhangend mengsel en voeg dan de mosterd, zwarte peper en het zout toe. Zeef de bloem en schep die door het mengsel, samen met de bieslook. Kneed het in 1 minuut tot een stevig deeg. Voeg geen water toe, want dan wordt het deeg plakkerig. Rol het tot balletjes van knikkerformaat, leg ze op de bakplaten en druk ze met vochtige vingers plat tot rondjes van 5 mm dik. Strooi de mosterdzaadjes erover en druk ze lichtjes aan. Bak ze 8-10 minuten totdat de koekjes goudbruin zijn.

Zelf serveer ik ze het liefst warm, maar wanneer u ze van tevoren klaarmaakt, laat ze dan helemaal afkoelen op een rooster en bewaar ze dan in een luchtdicht bakje. Warm ze voor het serveren 5 minuten op in een op 180 °C voorverwarmde oven.

Japaleno-maiskoekjes

Bereidingstijd: 40 minuten
Baktijd: 15 minuten
Koeltijd: 30 minuten
50 stuks

200 g koude boter
100 g tarwebloem
70 g grof maismeel
½ theelepel fijn zout
½ theelepel vers gemalen zwarte peper
50 g ingelegde groene pepers (japaleno's), in dunne plakjes

Versiering
3 ingelegde groene pepers (japaleno's)
fijn geraspte schil van 1 limoen

Deze hartige koekjes zijn heerlijk bij een drankje. Ze smelten in uw mond en de pepers maken ze lekker pittig.

Maak de boter klein in de blender. Zeef het meel, maismeel en zout dooreen en voeg ze met de peper en japaleno's toe aan de boter. Blend alles tot het eruitziet als broodkruimels. Als u geen blender hebt, wrijft u de boter met uw vingertoppen door het meel. Kneed het tot een stevig deeg, wikkel het in plastic folie en leg het 30 minuten in de koelkast.

Verwarm de oven voor op 200 °C. Vet 2 bakplaten in en bekleed ze met bakpapier.

Rol het deeg uit op een koel, met bloem bestoven oppervlak of tussen twee vellen plastic folie, tot een lap van 5 mm dik. Steek rondjes uit met een diameter van 2,5 cm (hiervoor kunt u ook het uiteinde van een buis gebruiken). Leg de koekjes op de bakplaten en bak ze 15 minuten totdat ze goudbruin zijn.

Versier de koekjes met dunne plakjes japaleno en limoenrasp en serveer ze warm of op kamertemperatuur.

Sesamzaadkoekjes

Bereidingstijd: 15-20 minuten
Baktijd: 8-10 minuten
14-16 stuks

1 eetlepel sesamzaad
2 eetlepels havervlokken
50 g geraspte cheddarkaas
50 g zachte boter
½ theelepel zwarte peper
snufje fijn zout
50 g tarwebloem

Versiering
2 eetlepels sesamzaad

Sesamzaad is erg lekker in hartige koekjes. Hun smaak, die u kunt versterken door ze te roosteren, is zo subtiel dat ze bij veel drankjes en gerechten passen.

Verwarm de oven voor op 200 °C. Vet 2 bakplaten in en bekleed ze met bakpapier.

Rooster de sesamzaadjes en havervlokken 10 minuten in de voorverwarmde oven totdat de zaadjes goudgeel zijn.

Roer de boter en kaas dooreen tot een glad en goed vermengde massa. Voeg de zaadjes, vlokken, peper en het zout toe, voordat u de bloem erdoor schept. Blijf roeren totdat het meel is opgenomen en er een droog deeg ontstaat. Kneed het deeg dan 30 seconden met uw handen en rol er balletjes van knikkerformaat van. Strooi de sesamzaadjes voor de versiering op een groot bord of dienblad, rol elk balletje door de zaadjes en druk ze plat tot rondjes van 5 mm dik, voordat u ze op de bakplaten legt. Bak de koekjes 8-10 minuten. Laat ze 2 minuten op de bakplaten afkoelen voordat u ze op een rooster legt. Serveer op kamertemperatuur.

Mosterdknabbels

Bereidingstijd: 40 minuten
Baktijd: 10 minuten
Koeltijd: 30 minuten
30-35 stuks

150 g koude boter
150 g tarwebloem
2 eetlepels Engelse mosterd
1 theelepel fijn zout
1 theelepel vers gemalen zwarte peper
1 eetlepel zwarte mosterdzaadjes

Deze minikoekjes zijn een heerlijke hartige traktatie vlak voor een pittig gerecht of gewoon bij een drankje. Ik eet ze graag bij ijskoud bier.

Doe alle ingrediënten behalve het mosterdzaad in de blender en laat hem 5 of 6 keer kloppen. Als u te lang doorgaat, wordt het mengsel taai. Zodra het op broodkruimels lijkt, maakt u er een bal van die u, in plastic folie gewikkeld, 30 minuten in de koelkast legt.

Verwarm de oven voor op 200 °C. Vet 2-3 bakplaten in en bekleed ze met bakpapier.

Rol het deeg uit op een met bloem bestoven oppervlak tot een lap van 2,5 mm dik en bestrooi die met het mosterdzaad. Snijd het deeg in ruitvormen van 2,5 cm lang of gebruik een koekvormpje. Leg de koekjes op de bakplaten en bak ze 7-10 minuten. Serveer ze onmiddellijk of op kamertemperatuur.

Pikante maanzaadkoekjes

Bereidingstijd: 15-20 minuten
Baktijd: 8-10 minuten
14-16 stuks

50 g geraspte milde cheddarkaas, op kamertemperatuur
50 g zachte boter
2 theelepels maanzaad
1 theelepel zwarte peper
snufje fijn zout
50 g tarwebloem

Versiering
2 eetlepels maanzaad

Het is belangrijk dat de kaas en boter op kamertemperatuur zijn, zodat ze zich goed laten vermengen. Ik raad milde cheddarkaas aan, omdat een te krachtige smaak die van het maanzaad overstemt en ik de kaas eerder gebruik vanwege zijn bindende eigenschap dan vanwege zijn smaak.

Verwarm de oven voor op 200 °C. Vet 2 bakplaten in en bekleed ze met bakpapier.

Roer de kaas en boter met een houten lepel tot een gladde massa. Voeg eerst het maanzaad, zout en de zwarte peper toe en schep dan het meel erdoor. Blijf roeren totdat het meel is opgenomen. Kneed het dan tot een zacht, samenhangend deeg. Rol het in balletjes van knikkerformaat en leg ze op de bakplaten met 5 cm tussenruimte, aangezien de koekjes tijdens het bakken uitvloeien. Druk ze met vochtige vingers plat tot rondjes van 2,5 mm dik. Bestrooi ze met maandzaad en bak ze in 8-10 minuten bruin. Ze moeten een tijdje afkoelen en hard worden op de bakplaten voordat u ze op een rooster kunt laten afkoelen. Serveer op kamertemperatuur.

met een gerust geweten

Bananen-zemelkoekjes

Bereidingstijd: 15 minuten
Baktijd: 15-17 minuten
12 stuks

120 g tarwebloem
65 g havervlokken
5 eetlepels zemelen
½ theelepel bakpoeder
60 g boter plus extra om in te vetten
1 eetlepel suikerstroop
3 middelgrote of 4 kleine rijpe bananen
3 eetlepels magere yoghurt

Versiering
3 eetlepels zemelen

Zemelen zijn een bekende bron van vezels en bananen zijn rijk aan kalium, dat goed is voor de bloeddruk en hartslag. Alles bij elkaar een onschuldige traktatie.

Verwarm de oven voor op 180 °C. Beboter 2 bakblikken.

Vermeng de bloem, havervlokken, 3 eetlepels zemelen en het bakpoeder. Smelt de boter in een pannetje, voeg dan de stroop en de droge ingrediënten toe. Prak de bananen in een andere kom en roer ze samen met de yoghurt door het mengsel, zodat er een kleverig deeg ontstaat. Strooi 2 eetlepels zemelen over de beboterde bakblikken. Leg dessertlepels deeg op de bakblikken, met 5 cm tussenruimte, aangezien de koekjes uitvloeien tijdens het bakken. Druk ze met vochtige vingers plat tot rondjes van 5 mm dik en bestrooi ze ter versiering met zemelen. Bak de koekjes in 15-17 minuten goudbruin.

Laat ze 2 minuten op de bakplaten afkoelen, voordat u ze op een rooster legt om helemaal af te koelen. Warm geserveerd zijn ze ook heerlijk.

Abrikozenkoekjes met yoghurtglazuur

Bereidingstijd: 20 minuten
Baktijd: 10 minuten
20-22 stuks

120 g zachte boter
175 g poedersuiker
3 eetlepels vloeibare honing
2 eieren, op kamertemperatuur
240 g tarwebloem
1 theelepel bakpoeder
½ theelepel fijn zout
200 g gedroogde abrikozen, grof gehakt

Versiering
240 g poedersuiker
2 eetlepels vanilleyoghurt
1 eetlepel citroen- of limoensap
1 theelepel fijn geraspte schil van 1 citroen of limoen

Het glazuur kan overdadig lijken voor een gezond koekje, maar u gebruikt er maar een beetje van. Als u in een verstandige bui bent, kunt u het glazuur weglaten.

Verwarm de oven voor op 160 °C. Vet 2 bakplaten in en bekleed ze met bakpapier.

Klop de boter, suiker en honing met een mixer tot een bleek, glad beslag. Voeg de eieren een voor een toe. Zeef het meel, de bakpoeder en het zout dooreen en schep het door het mengsel. Kneed de abrikozen kort door het deeg. Leg eetlepels deeg op de bakplaten met 5 cm tussenruimte en druk ze plat tot rondjes van 5 mm dik. Bak ze 10 minuten en laat ze op de bakplaten afkoelen.

Vermeng de ingrediënten voor de versiering tot een glad mengsel zonder klontjes. Voeg niet meer vloeistof toe, anders wordt het te dun. Doop de helft van elk koekje in het glazuur en laat het stollen.

Wortel-sinaasappelkoekjes

Bereidingstijd: 20 minuten
Baktijd: 10-12 minuten
16-18 stuks

60 g boter
1 eetlepel suikerstroop
2 middelgrote wortels
geraspte schil van 1 sinaasappel
120 g tarwebloem
15 g zemelen
60 g donkerbruine basterdsuiker

Versiering
2 eetlepels fijngehakte gekonfijte sinaasappelschil

Gekonfijte schil is verkrijgbaar in grotere supermarkten. Het is maanden houdbaar en ook buiten het kerstseizoen te gebruiken in allerlei gerechten.

Verwarm de oven voor op 220 °C. Vet 2 bakplaten in en bekleed ze met bakpapier.

Smelt de boter en stroop langzaam in een middelgrote pan op een laag vuur.

Rasp de wortels intussen grof en voeg ze met de sinaasappelrasp toe aan de boter en stroop. Roer alles door elkaar en laat het 2 minuten op laag vuur staan. Zeef de bloem in een grote kom en meng er de zemelen en suiker door. Dat gaat het gemakkelijkst met de hand. Giet het botermengsel voorzichtig door de droge ingrediënten en maak er met een houten lepel snel een samenhangend, glad deeg van. Rol het deeg in balletjes van walnootformaat en druk ze met vochtige vingers plat tot rondjes van 5 mm dik. Bak ze 10-12 minuten totdat ze goudbruin zijn. Laat ze 2 minuten op de bakplaten afkoelen, voordat u ze op een rooster legt om helemaal af te koelen. Strooi er dan de gekonfijte sinaasappelschil over.

Bosbessenkoekjes

Bereidingstijd: 20 minuten
Baktijd: 12 minuten
30-35 stuks

120 g verse bosbessen
100 g bruine kristalsuiker
120 g tarwebloem
60 g havervlokken
60 g boter plus extra om in te vetten
1 eetlepel suikerstroop
3 eetlepels magere yoghurt

Versiering
30 g gedroogde bosbessen

Gedroogde bosbessen zijn steeds beter verkrijgbaar, maar als u ze niet kunt vinden, gebruikt u gewoon een paar verse.

Verwarm de oven voor op 200 °C. Vet 2 bakplaten in en bekleed ze met bakpapier.

Prak de bosbessen grof met een vork. Meng de suiker, bloem en havervlokken dooreen. Smelt de boter en stroop in een pannetje op een laag vuur en giet het over de droge ingrediënten. Roer alles dooreen totdat het op grote broodkruimels lijkt.

Voeg de yoghurt lepel voor lepel toe totdat er een kleverig deeg ontstaat. Leg theelepels deeg op de bakplaten met 5 cm tussenruimte, aangezien de koekjes uitvloeien tijdens het bakken. Druk de hoopjes plat met vochtige vingers tot rondjes met een diameter van 5 cm.

Strooi er de gedroogde bosbessen over en druk ze ietwat aan. Bak de koekjes 12 minuten totdat de randjes bruin zijn. Laat ze 4 minuten afkoelen op de bakplaten voordat u ze op een rooster legt om helemaal af te koelen.

Knapperige pecankoekjes

Bereidingstijd: 20 minuten
Baktijd: 10-12 minuten
20-24 stuks

100 g grof gehakte pecannoten
120 g tarwebloem
¼ theelepel bakpoeder
60 g havervlokken
120 g poedersuiker
60 g zachte boter
1 eetlepel suikerstroop
3 eetlepels magere yoghurt

Versiering
20-24 pecannoten

Onderzoek heeft aangetoond dat een handvol pecannoten per dag het cholesterolniveau verlaagt en wellicht cholesterolverlagende medicijnen kan vervangen.

Verwarm de oven voor op 150 °C. Vet 2 bakplaten in en bekleed ze met bakpapier.

Doe de gehakte pecannoten in een kom en zeef er het meel en de bakpoeder over. Roer er de havervlokken en suiker doorheen. Smelt de boter en stroop op middelhoog vuur en giet het over de droge ingrediënten. Roer alles snel door elkaar totdat het op grote broodkruimels lijkt en voeg dan de yoghurt toe. Kneed het tot een stevig deeg. Rol balletjes van golfbalformaat, leg ze op de bakplaten en druk ze met vochtige vingers plat tot rondjes van 5 mm dik. Leg op elk koekje een pecannoot. Bak de koekjes 10-12 minuten totdat ze goudbruin zijn. Laat ze 2 minuten op de bakplaat afkoelen, voordat u ze op een rooster legt om helemaal af te koelen.

Kokos-limoenkoekjes

Bereidingstijd: 10-15 minuten
Baktijd: 10-12 minuten
16 stuks

120 g tarwebloem
150 g gedroogde kokos
120 g poedersuiker
½ theelepel bakpoeder
fijn geraspte schil van 2 limoenen
60 g boter
5 eetlepels magere yoghurt
2-3 eetlepels halfvolle melk

Versiering
2 eetlepels gedroogde kokos
fijn geraspte schil van 1 limoen

De smaak van dit koekje is geïnspireerd op klassieke Jamaicaanse recepten. De combinatie van sappige kokos met geurige limoen is heerlijk. Versiering is eigenlijk niet nodig, want de koekjes zien er toch al prachtig uit.

Verwarm de oven voor op 200 °C. Vet 2 bakplaten in en bekleed ze met bakpapier.

Roer de bloem, kokos, suiker, bakpoeder en citroenrasp goed dooreen. Smelt de boter in een pannetje en laat hem 1-2 minuten afkoelen voordat u hem met een houten lepel door de droge ingrediënten roert. Voeg dan de yoghurt geleidelijk toe. Roer de melk er lepel voor lepel doorheen. Kneed alles in 30 seconden tot een samenhangend deeg. Bestuif uw handen met bloem en rol het deeg tot balletjes. Leg ze op de bakplaten en druk ze plat. Bak ze 10-12 minuten totdat de randjes goudbruin zijn. Leg ze op een rooster om af te koelen.

Vermeng de kokos met de limoenrasp en strooi het ter versiering over de afgekoelde koekjes.

Appel-haverkoekjes

Bereidingstijd: 15 minuten
Baktijd: 10-12 minuten
35-40 stuks

375 g havervlokken
120 g tarwebloem
½ theelepel bakpoeder
snufje fijn zout
60 g boter
240 g appelmoes
2,5 dl karnemelk of yoghurt

Versiering
3 eetlepels poedersuiker
1 theelepel gemalen gember

Meestal bak ik de helft van het deeg. Van de rest maak ik platte rondjes die ik tussen lagen bakpapier in een bakje invries. Wanneer ik de ingevroren helft bak, verleng ik de baktijd met 2-3 minuten.

Verwarm de oven voor op 200 °C. Vet 2 bakplaten in en bekleed ze met bakpapier.

Vermeng de havervlokken, bloem, bakpoeder en het zout in de keukenmachine. Verwarm de boter in een pannetje totdat hij net is gesmolten. Giet de boter bij de droge ingrediënten terwijl de keukenmachine aanstaat. Voeg de appelmoes toe en blijf kloppen totdat alles goed is opgenomen. Giet de karnemelk of yoghurt erbij totdat er een kleverig deeg ontstaat. Meng de suiker en gember dooreen op een plat bord. Leg hier theelepels deeg op en rol ze erdoor. Leg de balletjes op de bakplaten en druk ze met vochtige vingers plat tot rondjes van 5 mm dik. Bak de koekjes 10-12 minuten totdat de randjes beginnen te verkleuren. Laat ze 2 minuten op de bakplaat afkoelen voordat u ze op een rooster legt om hele maal af te koelen. Serveer op kamertemperatuur.

Dadel-walnootkoekjes

Bereidingstijd: 20-25 minuten
Baktijd: 12-14 minuten
16-18 stuks

120 g tarwebloem
120 g havervlokken
½ theelepel bakpoeder
120 g poedersuiker
60 g walnoten
120 g ontpitte dadels
60 g boter
5-6 eetlepels halfvolle melk

Versiering
16-18 halve walnoten

Als u minder stukjes in de koekjes wilt, kunt u de walnoten en dadels in de blender fijnmalen.

Verwarm de oven voor op 200 °C. Vet 2 bakplaten in en bekleed ze met bakpapier.

Vermeng de bloem, havervlokken, bakpoeder en suiker. Hak de walnoten en dadels grof en voeg ze aan de droge ingrediënten toe. Verwarm de boter in een pannetje totdat hij net is gesmolten. Roer de boter met een houten lepel door de droge ingrediënten totdat alles er als grote broodkruimels uitziet. Voeg de melk er lepel voor lepel aan toe totdat het een kleverig deeg wordt.

Rol het deeg in balletjes, leg ze op de bakplaten en druk ze met vochtige vingers plat tot rondjes van 5 mm dik. Leg een halve walnoot op elk koekje. Bak ze 12-14 minuten en laat ze op een rooster afkoelen.

Amandelkoekjes

Bereidingstijd: 10 minuten
Baktijd: 10-12 minuten
24 stuks

120 g zachte boter
100 g bruine suiker
2 eiwitten, op kamertemperatuur
120 g tarwebloem
2 theelepels gemalen kaneel
60 g havervlokken
4 eetlepels zemelen
150 g gepelde amandelen, grof gehakt

Versiering
60 g pure chocolade
24 gepelde amandelen

Verwarm de oven voor op 160 °C. Vet 2 bakplaten in en bekleed ze met bakpapier.

Klop de boter en suiker in de keukenmachine tot een romig, luchtig mengsel en voeg er de eiwitten aan toe. Zeef het meel en doe het samen met de kaneel, havervlokken en zemelen in de keukenmachine. Na 4 of 5 slagen ontstaat er een deegbal. Bestuif uw handen met meel en kneed de grof gehakte amandelen erdoor. Rol het deeg in balletjes van golfbalformaat, leg ze op de bakplaten en druk ze ietwat plat met vochtige vingers. Bak ze in 10-12 minuten goudbruin. Laat ze 1-2 minuten op de bakplaten afkoelen voordat u ze op een rooster legt om helemaal af te koelen.

Breek de chocolade in stukjes en leg ze in een pannetje boven een pan met kokend water. Zorg dat het pannetje het water niet raakt, want dan kan de chocolade aanbranden. Zodra de chocolade is gesmolten, zet u het pannetje weg om 2 minuten af te laten koelen. Voeg de amandelen toe en roer ze om totdat ze aan beide zijden met chocolade bedekt zijn. Leg met een theelepel op elk koekje een amandel, met wat chocolade rondom het nootje. Serveer de koekjes zodra de chocolade is gestold.

Cranberry-sinaasappelkoekjes

Bereidingstijd: 15 minuten
Baktijd: 8-10 minuten
24 stuks

120 g zachte boter
120 g poedersuiker
2 eieren, op kamertemperatuur
240 g tarwebloem
1 theelepel bakpoeder
½ theelepel fijn zout
100 g gedroogde cranberry's, in plakjes
2 eetlepels fijn geraspte sinaasappelschil

Versiering
60 g gedroogde cranberry's, in plakjes

Gedroogde cranberry's worden vooral gebruikt bij een klassieke kerstmaaltijd. Toch zijn cranberry's, vooral gedroogde, tegenwoordig het hele jaar door verkrijgbaar zodat u deze koekjes kunt bakken wanneer u daarvoor in de stemming bent.

Verwarm de oven voor op 160 ° C. Vet 2 bakplaten in en bekleed ze met bakpapier.

Roer de boter en suiker met een houten lepel of mixer door elkaar. Voeg de eieren een voor een toe en klop totdat ze volledig zijn opgenomen. Als het beslag gaat klonteren, voegt u een eetlepel bloem toe. Zeef het meel, bakpoeder en het zout dooreen en roer het door het mengsel. Meng dan de plakjes cranberry en de sinaasappelrasp erdoor. Leg eetlepels deeg op de bakplaten met 5 cm tussenruimte, omdat de koekjes tijdens het bakken uitvloeien. Druk de hoopjes deeg met vochtige vingers plat tot rondjes van 5 mm dik. Versier elk koekje met 3 of 4 cranberry's en bak ze 8-10 minuten. Laat ze 2-3 minuten op de bakplaten afkoelen voordat u ze op een rooster legt om helemaal af te koelen. Serveer ze op kamertemperatuur.

Driepittenkoekjes

Bereidingstijd: 10 minuten
Baktijd: 10 minuten
24 stuks

120 g zachte boter
100 g bruine suiker
2 eetlepels vloeibare honing
2 eiwitten, op kamertemperatuur
120 g tarwebloem
60 g havervlokken
4 eetlepels zemelen
60 g sesamzaad
60 g zonnebloempitten
60 g pepita's

Versiering
1 eetlepel sesamzaad
1 eetlepel zonnebloempitten
1 eetlepel pepita's

Verwarm de oven voor op 160 °C. Vet 2 bakplaten in en bekleed ze met bakpapier.

Klop de boter, suiker en honing 2-3 minuten in de blender en schraap af en toe het beslag van de zijkanten. Voeg de eiwitten een voor een toe. Klop de bloem, havervlokken en zemelen erdoor totdat ze zijn opgenomen. Klop niet langer dan nodig is, anders wordt het deeg taai. Voeg de pitjes toe en klop nog 2 slagen voordat u het deeg eruit haalt en met uw handen kneedt. Rol het in balletjes van golfbalformaat, leg ze op de bakplaten en druk ze met vochtige vingers plat tot rondjes van 5 mm dik.

Vermeng de pitjes voor de versiering en strooi ze over de koekjes. Bak ze 10 minuten. Laat ze 2-3 minuten op de bakplaten afkoelen voordat u ze op een rooster legt om helemaal af te koelen.

Rozijnenkoekjes

Bereidingstijd: 15-20 minuten
Baktijd: 10-12 minuten
10 stuks

120 g tarwebloem
60 g havervlokken
40 g gedroogde kokos
½ theelepel bakpoeder
120 g poedersuiker
50 g boter
1 eetlepel suikerstroop
75 g sultanarozijnen
3-4 eetlepels magere yoghurt

Deze heerlijke, gezonde koekjes hebben een stevige binnenkant. De rozijnen absorberen de boter, zodat ze opzwellen en de versiering van het koekje vormen.

Verwarm de oven voor op 200 °C. Vet een grote bakplaat in en bekleed hem met bakpapier.

Vermeng de bloem, havervlokken, kokos, bakpoeder en suiker. Smelt de boter in een pannetje en voeg de stroop en rozijnen toe. Roer dit door de droge ingrediënten totdat het eruitziet als grote broodkruimels. Voeg de yoghurt geleidelijk toe totdat er een zacht deeg ontstaat. Rol het tot balletjes van golfbalformaat, leg ze op de bakplaat en druk ze met vochtige vingers plat tot rondjes van 5 mm dik. Bak ze 10-12 minuten. Leg ze op een rooster om helemaal af te koelen. Als u de koekjes niet meteen opeet, laat ze dan helemaal afkoelen en bewaar ze in een luchtdicht bakje.

bij familie & vrienden

Kerstboomversiering

Bereidingstijd: 40 minuten
Baktijd: 6-8 minuten
30 stuks

90 g zachte boter
90 g poedersuiker
1 middelgroot ei, op kamertemperatuur
½ theelepel vanille-essence
240 g tarwebloem, plus extra om te bestuiven
1 theelepel koekkruiden

Versiering
2-3 eetlepels poedersuiker
120 g wit glazuur
120 g rood glazuur
120 g groen glazuur
60 g bruin glazuur
2-3 eetlepels abrikozenjam, gezeefd
eetbare zilveren pareltjes
eetbare glittertjes

U kunt allerlei toepasselijke kerstvormpjes maken. De kleuren die ik heb aangegeven, zijn maar een leidraad.

Verwarm de oven voor op 180 °C. Vet 2-3 bakplaten in en bekleed ze met bakpapier.

Roer de boter en suiker met een houten lepel of mixer tot een licht, luchtig mengsel. Klop het ei en de vanille-essence erdoor. Als het gaat klonteren, voegt u een eetlepel bloem toe. Zeef de bloem en koekkruiden dooreen en schep ze door het beslag totdat er een stevig deeg ontstaat. Als het deeg te zacht is om uit te rollen, koelt u het 20 minuten.

Rol het deeg uit op een koel, met bloem bestoven oppervlak of tussen 2 vellen plastic folie tot een lap van 2,5 mm dik. Bestuif kerstvormpjes zoals hartjes, kerstmannen, kerstkousen, sterren, dennenbomen, rendieren, sneeuwpoppen en sneeuwvlokken met bloem. Steek zo veel mogelijk koekjes uit de deeglap, want hoe vaker u het deeg uitrolt, hoe taaier het wordt. Verwijder de koekjes met een metalen spatel of vismes en leg ze op de bakplaten. Bak ze 6-8 minuten totdat ze lichtbruin verkleuren. Zodra u ze uit de oven haalt, maakt u in elk koekje een gaatje met een satéstokje. Laat ze op een rooster afkoelen.

Zodra ze zijn afgekoeld, kunt u de koekjes versieren. Rol eerst het witte glazuur uit op een met poedersuiker bestoven oppervlak of tussen 2 vellen plastic folie, tot een lap van 2,5 mm dik. Bestuif de kerstvormpjes met poedersuiker en steek 7 vormpjes uit. Doe hetzelfde met het rode, groene en bruine glazuur totdat u genoeg hebt voor alle koekjes.

Strijk op elk koekje wat jam zodat het glazuur blijft plakken, leg het glazuur op de koekjes en druk het lichtjes aan. Prik met het satéstokje via de gaatjes in de koekjes door het glazuur heen. Versier elk koekjes met zilveren pareltjes en druk ze in het glazuur. Bestrijk de sneeuwvlokken met wat jam en strooi er glittertjes over. Haal lintjes of gekleurde koordjes door de gaatjes. U kunt de koekjes nu in de kerstboom hangen.

Kerstkousen

Bereidingstijd: 30-35 minuten
Baktijd: 7-8 minuten
24 stuks

90 g zachte boter
90 g poedersuiker
1 middelgroot ei, op kamertemperatuur
½ theelepel vanille-essence
240 g tarwebloem, plus extra om te bestuiven
1 theelepel koekkruiden

Versiering
2-3 eetlepels poedersuiker
360 g rood glazuur
2-3 eetlepels marmelade, gezeefd
30 g wit glazuur
eetbare zilveren pareltjes

Deze koekjes zijn leuk om met de kinderen te maken en prima geschikt als kerstcadeau. Zelfgemaakte cadeaus zijn altijd bijzonder.

Verwarm de oven voor op 180 °C. Vet 2 bakplaten in en bekleed ze met bakpapier.

Roer de boter en suiker met een houten lepel of mixer tot een licht en luchtig mengsel. Klop het ei en de vanille-essence erdoor. Als het klontert, voegt u een eetlepel bloem toe. Zeef de bloem en koekkruiden dooreen en schep ze door het mengsel totdat er een stevig deeg ontstaat. Als het deeg te zacht is om uit te rollen, koelt u het 20 minuten.

Rol het deeg uit op een koel, met bloem bestoven oppervlak of tussen 2 vellen plastic folie, tot een lap van 2,5 mm dik. Neem een koekvormpje van een kerstkous of het sjabloon van bladzijde 93 en snijd er zo veel mogelijk koekjes mee uit de lap, want hoe vaker u het deeg uitrolt, hoe taaier het wordt. Verwijder de vormpjes met een metalen spatel of vismes en leg ze op de bakplaten. Bak ze 7-8 minuten totdat ze bleek goudbruin zijn. Laat ze op een rooster afkoelen.

Als ze zijn afgekoeld, kunt u de koekjes versieren. Rol het rode glazuur uit op een koel, met poedersuiker bestoven oppervlak of tussen 2 vellen plastic folie tot een lap van 2,5 mm dik. Steek hetzelfde aantal vormpjes uit met hetzelfde kerstkousvormpje, ditmaal bestoven met poedersuiker. Snijd de rechthoek aan de bovenkant van de kous weg, besmeer de koekjes met jam en druk de glazuurkousjes erop. Rol het witte glazuur uit tot een lap van 2,5 mm en snijd daar de rechthoekige bovenkantjes van de kousvorm uit. Leg er een op elk koekje. Versier het witte glazuur met een rij eetbare zilveren pareltjes en duw ze lichtjes in het glazuur.

Kerstboom

Bereidingstijd: 30 minuten
Baktijd: 6-8 minuten
Koeltijd: 20 minuten
1 grote kerstboom

90 g zachte boter
90 g poedersuiker
1 middelgroot ei, op kamertemperatuur
½ theelepel vanille-essence
240 g tarwebloem, plus extra om te bestuiven
1 theelepel kaneel

Versiering
60 g wit glazuur
1 tube wit schrijfglazuur
12 eetbare zilveren pareltjes

Dit koekje is anders dan de andere, omdat het als tafelversiering of gewone kerstversiering kan dienen. Eerst kunt u het bekijken, daarna kan iedereen er stukjes afbreken en opknabbelen. Restjes deeg kunt u gebruiken om andere kerstkoekjes van te maken.

Verwarm de oven voor op 180 °C. Vet een bakplaat in en bekleed hem met bakpapier.

Roer de boter en suiker met een houten lepel of mixer tot een lichte, luchtige massa. Klop het ei en de vanille-essence erdoor. Als het gaat klonteren, voegt u een eetlepel bloem toe. Zeef de bloem en kaneel dooreen en schep het door het mengsel totdat er een stevig deeg ontstaat. Als het deeg te zacht is om uit te rollen, koelt u het 20 minuten.

Rol het deeg uit op een koel, met bloem bestoven oppervlak of tussen 2 vellen plastic folie, tot een lap van 2,5 mm dik. Neem een kerstboomkoekvorm of het sjabloon van bladzijde 92 en snijd twee grote bomen uit. Leg ze voorzichtig op de bakplaat en snijd een ervan overlangs in tweeën. Bak ze 6-8 minuten totdat ze een bleekgouden kleur hebben. Haal ze uit de oven en snijd de halve bomen bij. Laat ze 2 minuten op de bakplaat afkoelen, voordat u ze op een rooster legt om helemaal af te koelen.

Zodra de koekjes zijn afgekoeld, kunt u ze versieren. Rol een beetje wit glazuur uit tot 2,5 mm dikte en snijd er een sterretje uit voor de piek. Rol de rest van het glazuur uit tot een bal, druk hem een beetje plat en leg het in het midden van een bord. Dit is het voetstuk van de kerstboom. Spuit een lijntje wit schrijfglazuur langs de rechte kant van de kerstboomhelften en druk ze aan weerszijden van de hele kerstboomvorm. Houd ze 2-3 minuten op hun plaats terwijl het glazuur droogt. Duw de stam van de boom in het voetstuk. Spuit dan lijntjes glazuur op de naden van de boom. Spuit dotjes glazuur op de uiteinden van de takken en druk er zilveren pareltjes in. Spuit ook wat glazuur bovenop, zodat u het sterretje van glazuur kunt bevestigen. De boom is nu klaar.

Kerstkoekjes

Bereidingstijd: 25 minuten
Baktijd: 10-12 minuten
24 stuks

90 g zachte boter
90 g poedersuiker
1 middelgroot ei, op kamertemperatuur
½ theelepel vanille-essence
2 eetlepels donkere rum
90 g gekonfijte schil, fijn gehakt
45 g gekonfijte kersen, grof gehakt
3 eetlepels grof gehakte stemgember
½ theelepel koekkruiden
½ theelepel kaneel
½ theelepel kruidnagel
½ theelepel gemberpoeder
240 g tarwebloem, plus extra om te bestuiven

Versiering
12 gekonfijte kersen, gehalveerd

Deze koekjes hebben de smaak van een traditionele kersttaart, maar ze zijn in een mum van tijd te bereiden.

Verwarm de oven voor op 180 °C. Vet 2-3 bakplaten in en bekleed ze met bakpapier.

Roer de boter en suiker met een houten lepel of mixer tot een lichte, luchtige massa. Voeg het ei toe met de vanille-essence, rum, stemgember, gekonfijte schil en kersen toe en klop alles goed. Zeef de bloem en kruiden dooreen en schep ze door het mengsel totdat er een zacht deeg ontstaat. Rol het deeg in balletjes van golfbalformaat, leg ze op de bakplaten en druk ze met vochtige vingers plat tot rondjes van 5 mm dik. Leg op elk koekje een halve kers. Bak ze 10-12 minuten en laat ze op een rooster afkoelen.

Engelenkoekjes

Bereidingstijd: 40 minuten
Baktijd: 7-8 minuten
24 stuks

90 g zachte boter
90 g poedersuiker
1 middelgroot ei, op kamertemperatuur
½ theelepel amandelessence
240 g tarwebloem, plus extra om te bestuiven

Versiering
2-3 eetlepels poedersuiker
360 g wit glazuur
2-3 eetlepels abrikozenjam, gezeefd
eetbare glitters

Verwarm de oven voor op 180 °C. Vet 2 bakplaten in en bekleed ze met bakpapier.

Roer de boter en suiker tot een lichte, romige massa. Voeg het ei en de amandelessence toe en klop alles goed. Als het gaat klonteren, voegt u een eetlepel bloem toe. Zeef de bloem en schep hem door het mengsel totdat er een stevig deeg ontstaat. Als het deeg te zacht is om uit te rollen, koelt u het 20 minuten.

Rol het deeg op een met bloem bestoven oppervlak uit tot een lap van 5 mm dik. Steek met een engelvormig koekvormpje zo veel mogelijk koekjes uit, aangezien het deeg taai wordt als u het vaker uitrolt. Verwijder de engelen met een metalen spatel of vismes en leg ze op de bakplaten. Bak ze 7-8 minuten totdat de koekjes goudkleurig zijn. Leg ze op een rooster om af te koelen.

Voor de versiering rolt u het glazuur uit op een met poedersuiker bestoven oppervlak tot een lap van 2,5 mm dik. Bestuif de koekvormpjes met poedersuiker en steek hetzelfde aantal engelen uit. Bestrijk de koekjes met jam, leg de glazuurvormpjes erop en druk ze licht aan. Strijk wat jam op het glazuur en bestrooi het met glittertjes.

Sneeuwpopkoekjes

Bereidingstijd: 40 minuten
Baktijd: 7-8 minuten
24 stuks

90 g zachte boter
90 g poedersuiker
1 middelgroot ei, op kamertemperatuur
½ theelepel amandelessence
240 g tarwebloem, plus extra om te bestuiven

Versiering
2-3 eetlepels poedersuiker
360 g wit glazuur
2-3 eetlepels abrikozenjam, gezeefd
1 tube zwart schrijfglazuur
½ wortel
lint

U kunt de sjaals van allerlei soorten lint maken. Zelf gebruik ik de restjes lint die overblijven als ik mijn kerstcadeaus inpak.

Verwarm de oven voor op 180 °C. Vet 2 bakplaten in en bekleed ze met bakpapier.

Roer de boter en suiker met een houten lepel of mixer tot een licht en luchtig mengsel. Klop het ei en de amandelessence erdoor. Als het gaat klonteren, voegt u een eetlepel bloem toe. Zeef de bloem en schep hem door het mengsel totdat er een stevig deeg ontstaat. Als het deeg te zacht is om uit te rollen, koelt u het 20 minuten.

Rol het deeg uit op een met bloem bestoven oppervlak of tussen 2 vellen plastic folie, tot een lap van 2,5 mm dik. Bestuif een sneeuwpopvorm met bloem of gebruik het sjabloon op bladzijde 93 en steek zo veel mogelijk koekjes uit. Hoe vaker het deeg wordt uitgerold, hoe taaier het wordt. Verwijder de sneeuwpopjes met een metalen spatel of vismes en leg ze op de bakplaten. Bak ze 7-8 minuten totdat de koekjes licht goudbruin zijn. Leg ze op een rooster om af te koelen.

Zodra ze zijn afgekoeld, kunt u de koekjes versieren. Rol het witte glazuur uit op een met poedersuiker bestoven oppervlak of tussen 2 vellen plastic folie, tot een lap van 2,5 mm dik. Bestuif de koekvorm met poedersuiker en steek hetzelfde aantal sneeuwpoppen uit. Bestrijk de koekjes met abrikozenjam, leg het glazuur erop en druk ze lichtjes aan. Breng met het zwarte schrijfglazuur de oogjes en knoopjes aan. Schil de wortel en snijd hem in plakjes, en snijd neusjes uit de plakjes. Steek de neusjes in het glazuur en bind de lintjes om de nekjes als sjaals.

Hartjes

Bereidingstijd: 40 minuten
Baktijd: 3-8 minuten
Koeltijd: 20 minuten
6 stuks in verschillende formaten

90 g zachte boter
90 g poedersuiker
1 middelgroot ei, op kamertemperatuur
½ theelepel vanille-essence
240 g tarwebloem, plus extra om te bestuiven

Versiering
2-3 eetlepels poedersuiker
30 g wit glazuur
2-3 eetlepels abrikozenjam, gezeefd
1 tube wit schrijfglazuur
10 eetbare zilveren pareltjes
eetbare roze glittertjes
20 eetbare roze pareltjes

Dit is een mooi cadeautje voor iemand van wie u houdt. U kunt het verpakken in een doosje met wat roze crêpepapier op de bodem of in cellofaan met een roze lint erom.

Verwarm de oven voor op 180 °C. Vet 2-3 bakplaten in en bekleed ze met bakpapier.

Roer de boter en suiker met een houten lepel of mixer tot een licht en luchtig mengsel. Klop het ei en de vanille-essence erdoorheen. Als het gaat klonteren, voegt u een eetlepel bloem toe. Zeef de bloem en schep hem door het mengsel totdat er een stevig deeg ontstaat. Als het te zacht is om uit te rollen, koelt u het deeg 20 minuten.

Rol het deeg uit op een koel, met bloem bestoven oppervlak of tussen 2 vellen plastic folie, tot een lap van 2,5 mm dik. Bestuif 6 hartvormige koekvormpjes met bloem of gebruik de sjablonen op bladzijde 88 en snijd in elk formaat één hartje uit. Als er deeg over is, snijdt u er nog een paar kleintjes uit. Verwijder de koekjes met een metalen spatel of vismes en leg ze op de bakplaten. Bak ze 3-8 minuten en haal per minuut de kleinste uit de oven. Leg ze op een rooster om af te koelen.

Zodra ze zijn afgekoeld, kunt u de koekjes versieren. Begin met het grootste. Breng met het schrijfglazuur sterretjes rondom aan en laat het glazuur opstijven. Het volgende koekje blijft onversierd. Voor het drie-na-grootste koekje rolt u het witte glazuur uit tussen 2 vellen plastic folie, tot een lap van 2,5 mm dik. Bestuif het betreffende hartvormpje met poedersuiker en steek het glazuur uit. Bestrijk het koekje met jam, leg het glazuur erop en druk het licht aan. Versier het met zilveren pareltjes. Het volgende koekje blijft onversierd. Bestrijk het een-na-kleinste koekje met jam en bestrooi het met glittertjes. Bestrijk het kleinste hartje met wat schrijfglazuur en leg de roze pareltjes voorzichtig rondom de rand. Laat de versiering uitharden voordat u de koekjes in volgorde van grootte opstapelt.

Groene-spookkoekjes

Bereidingstijd: 30 minuten
Baktijd: 7-8 minuten
24 stuks

90 g zachte boter
90 g poedersuiker
1 middelgroot ei, op kamertemperatuur
½ theelepel vanille-essence
2 theelepels geraspte limoenschil
240 g tarwebloem, plus extra om te bestuiven

Versiering
48 groene winegums

Als u geen koekvormpjes in de vorm van een spookje hebt, kunt u er zelf eentje ontwerpen en die met een scherp mesje uitsnijden. Met een versiering van groene winegums krijgt u koekjes met een zachte bovenkant en knapperige onderkant.

Verwarm de oven voor op 180 °C. Vet 2 bakplaten in en bekleed ze met bakpapier.

Roer de boter en suiker met een houten lepel of mixer tot een lichte, luchtige massa. Klop het ei en de vanille-essence erdoor. Als het gaat klonteren, voegt u een lepel bloem toe. Zeef de bloem en schep hem door het mengsel totdat er een stevig deeg ontstaat. Als het deeg te zacht is om uit te rollen, koelt u het 20 minuten.

Rol het deeg uit op een koel, met bloem bestoven oppervlak of tussen 2 vellen plastic folie, tot een lap van 2,5 mm dik. Bestuif het koekvormpje met bloem en steek zo veel mogelijk spookjes uit, aangezien het deeg taaier wordt naarmate u het vaker uitrolt. Verwijder de spookjes met een metalen spatel of vismes en leg ze op de bakplaten.
Bak ze 7-8 minuten totdat ze goudkleurig zijn. Leg ze op een rooster om af te koelen.

Smelt de winegums in 3-5 minuten in een pannetje op laag vuur. Zodra ze zijn gesmolten, zet u het vuur uit. Spreid de hete, groene gelei voorzichtig over de koekjes uit. Laat de versierde koekjes op de rooster afkoelen.

Vleermuiskoekjes

Bereidingstijd: 35-40 minuten
Koeltijd: 1 uur
Baktijd: 5-6 minuten
30-35 stuks

60 g zachte boter
240 g tarwebloem
90 g bruine suiker
3-4 eetlepels suikerstroop
1 middelgroot ei, op kamertemperatuur, losgeklopt (u hebt maar de helft nodig)
½ eetlepel fijn geraspte sinaasappelschil
½ theelepel koekkruiden
½ theelepel gemalen gember
¼ theelepel bakpoeder
snufje zout
extra bloem om te bestuiven

Versiering
2 eetlepels poedersuiker
260 g zwart glazuur
2 eetlepels marmelade, gezeefd
1 tube felgroen schrijfglazuur

Deze koekjes lijken wel een beetje op de poezenkoekjes (zie volgende bladzijde) met hun zwart met groene versiering, maar door de suikerstroop en koekkruiden zien ze er donkerder uit en smaken ze wat pittiger. Jongens die engeltjes, vlinders en hartjes te meisjesachtig vinden, willen deze stoere koekjes best bakken.

Verwarm de oven voor op 190 °C. Vet 2 bakplaten in en bekleed ze met bakpapier.

Roer de boter glad. Voeg de helft van de bloem, de suiker, de stroop, de helft van het ei, de sinaasappelrasp, de kruiden en de bakpoeder toe. Klop het met een houten lepel of mixer glad. Kneed de resterende bloem er in 30 seconden doorheen. Wikkel het deeg in plastic folie en leg het 1 uur in de koelkast.

Rol het deeg uit op een koel, met bloem bestoven oppervlak of tussen 2 vellen plastic folie, tot een lap van 5 mm dik. Steek 30-35 vleermuizen uit met een koekvormpje. Verwijder ze voorzichtig met een metalen spatel of vismes en leg ze op de bakplaten met 2,5 cm tussenruimte, aangezien ze uitvloeien tijdens het bakken. Bak ze 5-6 minuten. Laat ze 2 minuten afkoelen op de bakplaten, voordat u ze op een rooster legt om helemaal af te koelen.

Zodra ze zijn afgekoeld, kunt u ze versieren. Rol het zwarte glazuur uit op een met poedersuiker bestoven oppervlak of tussen 2 vellen plastic folie. Bestuif het koekvormpje met poedersuiker en steek hetzelfde aantal vormpjes uit. Bestrijk elk koekje met wat gezeefde marmelade, leg er een glazuurvormpje op en druk het lichtjes aan. Teken twee stipjes als oogjes met het felgroene schrijfglazuur.

Poezenkoekjes

Bereidingstijd: 25-30 minuten
Baktijd: 7-8 minuten
24 stuks

90 g zachte boter
90 g poedersuiker
1 middelgroot ei, op kamertemperatuur
½ theelepel vanille-essence
240 g tarwebloem, plus extra om te bestuiven

Versiering
2-3 eetlepels poedersuiker
360 g zwart glazuur
2-3 eetlepels abrikozenjam, gezeefd
1 tube felgroen schrijfglazuur

Verwarm de oven voor op 180 °C. Vet 2 bakplaten in en bekleed ze met bakpapier.

Roer de boter en suiker met een houten lepel of mixer tot een licht en luchtig mengsel. Voeg het ei en vanillie-essence toe en klop goed. Als het gaat klonteren, voegt u nog een lepel bloem toe. Zeef de bloem en schep hem door het mengsel tot er een stevig deeg ontstaat. Als het deeg te zacht is om uit te rollen, koelt u het 20 minuten.

Rol het deeg uit op een koel, met bloem bestoven oppervlak of tussen 2 vellen plastic folie, tot een lap van 2,5 mm dik. Bestuif een poezenvormpje met bloem of neem het sjabloon op bladzijde 89 en steek zo veel mogelijk poezen uit, aangezien het deeg taaier wordt naarmate u het vaker uitrolt. Verwijder de poezen met een metalen spatel of vismes en leg ze op de bakplaten. Bak ze 7-8 minuten of tot de koekjes bleek goudkleurig zijn. Leg ze op een rooster om af te koelen.

Zodra ze afgekoeld zijn, kunt u de koekjes versieren. Rol het zwarte glazuur uit op een koel, met poedersuiker bestoven oppervlak of tussen 2 vellen plastic folie, tot een lap van 2,5 mm. Bestuif het koekvormpje nu met poedersuiker en steek hetzelfde aantal poezen uit het glazuur. Bestrijk elk koekje met wat abrikozenjam, leg de glazuurvormpjes erop en druk ze lichtjes aan. Teken met het schrijfglazuur twee oogjes op elke poes.

M
A
R
i
A

Scrabblekoekjes

Bereidingstijd: 35 minuten
Baktijd: 5 minuten
Koeltijd: 20 minuten
30 stuks

90 g zachte boter
90 g poedersuiker
1 middelgroot ei, op kamertemperatuur
½ theelepel vanille-essence
240 g tarwebloem, plus extra om te bestuiven

Versiering
2-3 eetlepels poedersuiker
360 g wit glazuur
2-3 eetlepels abrikozenjam, gezeefd
1 tube gekleurd schrijfglazuur

Voor dit cadeau-idee kunt u allerlei woorden verzinnen, zoals iemands naam of 'Gefeliciteerd', 'Mijn Valentijn', 'Ik houd van jou', 'Succes', enzovoorts. Verpak de letterkoekjes in een mooi doosje met zijdepapier. De gelukkige ontvanger kan dan met de letters puzzelen totdat uw boodschap duidelijk is. Veel romantischer dan een sms-je!

Verwarm de oven voor op 180 °C. Vet 2 bakplaten in en bekleed ze met bakpapier.

Roer de boter en suiker met een houten lepel of mixer licht en romig. Voeg het ei en de vanille-essence toe. Als het gaat klonteren, voegt u een eetlepel bloem toe. Zeef de bloem en schep hem door het mengsel totdat een stevig deeg ontstaat. Als het deeg te zacht is om uit te rollen, koelt u het 20 minuten.

Rol het deeg uit op een koel, met bloem bestoven oppervlak of tussen 2 vellen plastic folie, tot een lap van 2,5 mm dik. Met een koekvormpje met een diameter van 4-5 cm steekt u zo veel mogelijk rondjes uit, aangezien het deeg taaier wordt naarmate u het vaker uitrolt. Verwijder de rondjes met een metalen spatel of vismes en leg ze op de bakplaten. Bak ze 5 minuten totdat ze een lichte goudkleur hebben. Leg ze op een rooster om af te koelen.

Zodra ze zijn afgekoeld, kunt u de koekjes versieren. Rol het witte glazuur uit op een met poedersuiker bestoven oppervlak of tussen twee vellen plastic folie, tot een lap van 2,5 mm dik. Bestuif het vormpje met poedersuiker en steek hetzelfde aantal rondjes uit het glazuur. Bestrijk elk koekje met abrikozenjam, leg er een glazuurvormpje op en druk het lichtjes aan. Schrijf op elk koekje met schrijfglazuur een letter.

Gebruik van de sjablonen

Het is niet nodig om een grote verzameling koekvormpjes te hebben, aangezien het gemakkelijk is zelf sjablonen te maken.

Leg een vel overtrekpapier over het sjabloon van uw keuze. Trek de vorm over met een potlood, knip hem zorgvuldig uit en leg hem over het uitgerolde deeg. Snijd met een mesje het deeg uit rondom uw sjabloon.

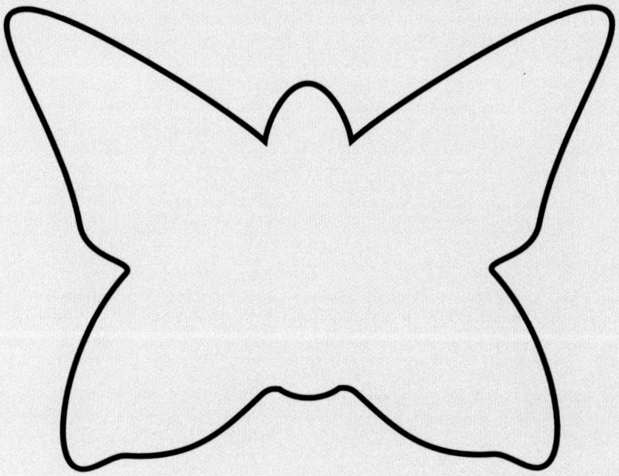

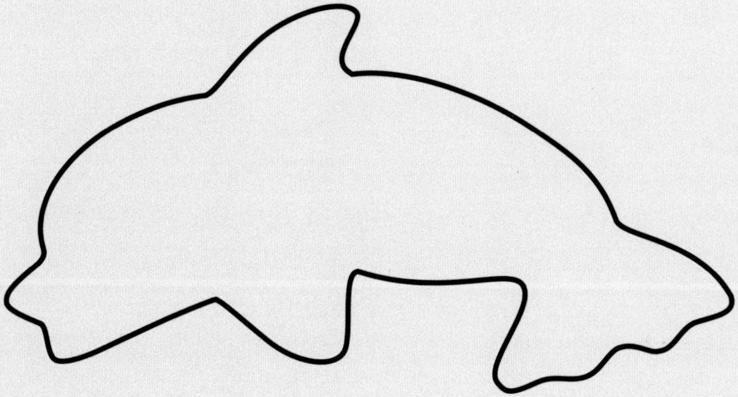

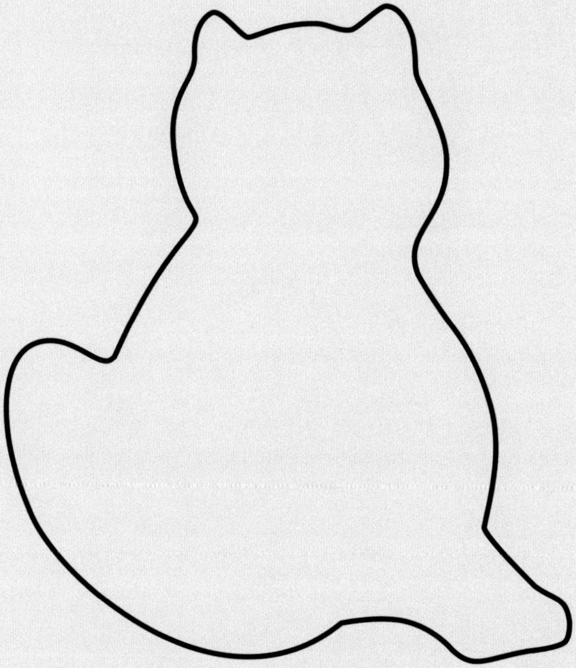

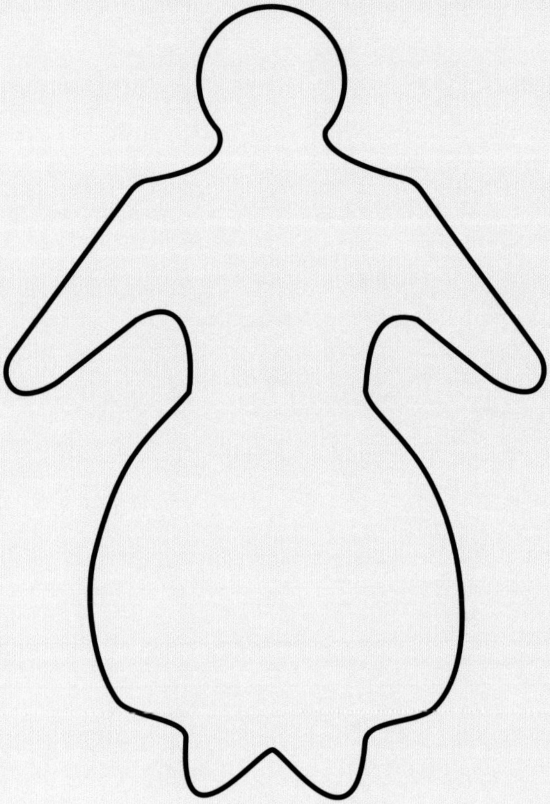

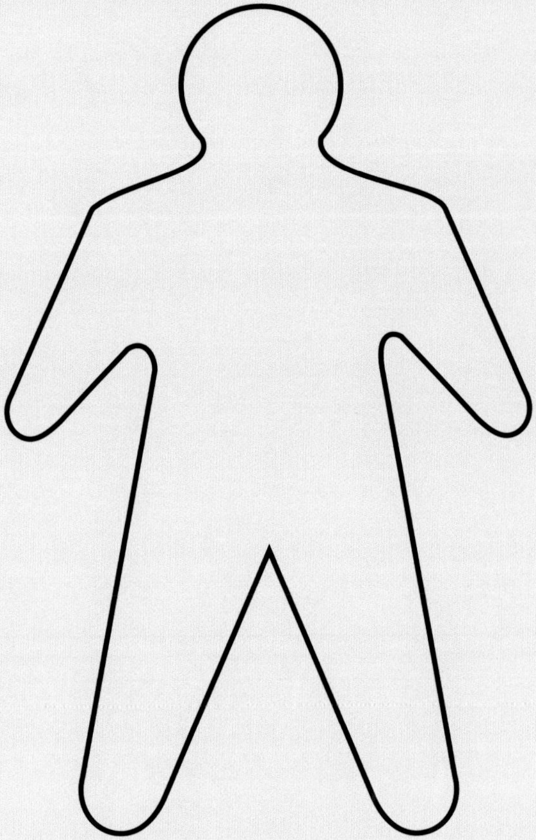

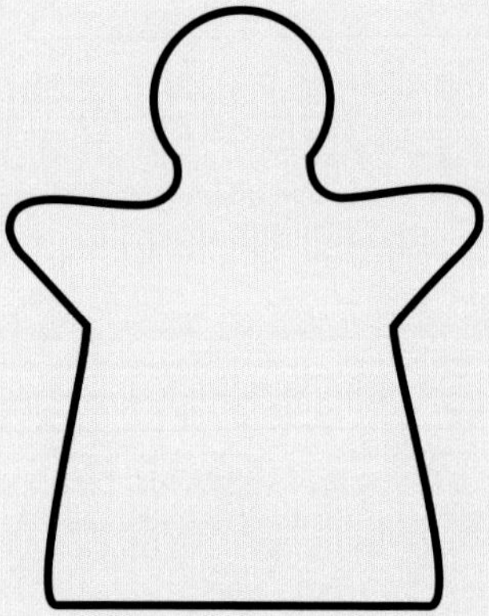

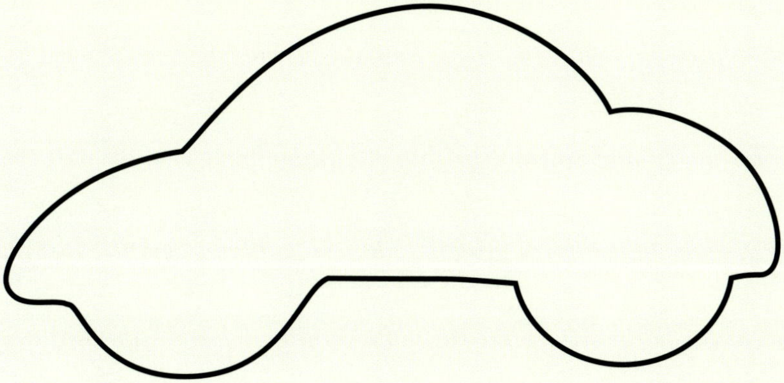

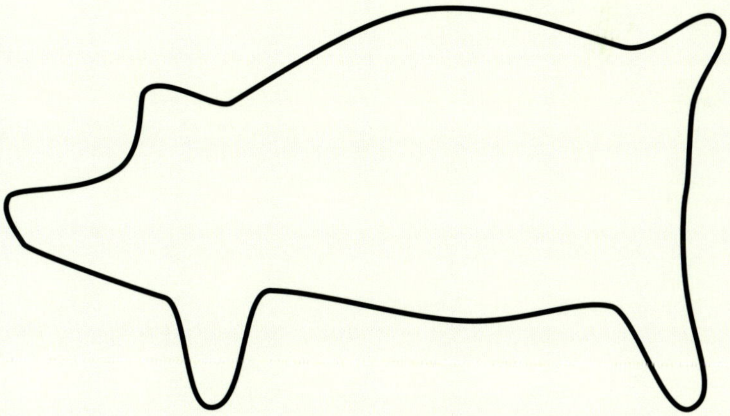

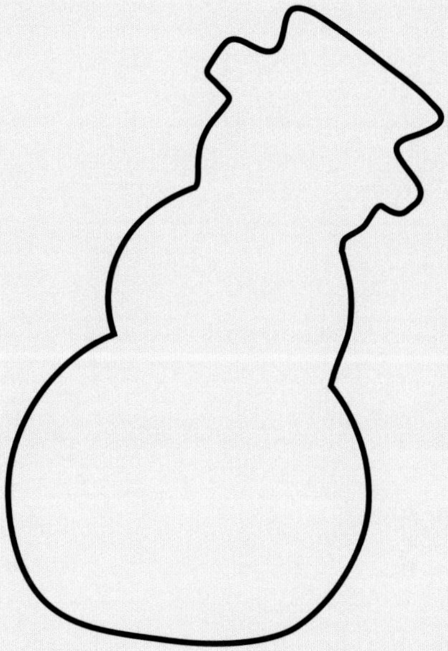

Register

A

Abrikozenkoekjes met yoghurtglazuur 62
Amandelen: amandelkoekjes 68
 oranjebloesem-amandelkoekjes 16
Appelmoes: appel-haverkoekjes 67
 toffee-appelkoekjes 38
Autokoekjes 44

B

Bananen: bananenkoekjes met witte chocolade 21
 bananen-zemelkoekjes 62
Bieslook: cheddarkoekjes 56
Bladgoud: pure chocoladekoekjes met bladgoud 22
Bloemenkoekjes 30
Bosbessenkoekjes 64
Boter-kaas-en-eierenkoekjes 36

C

Cayenne: Parmezaanse cayenneknabbels 55
Cheddarkoekjes 56
Chili: chili-chocoladekoekjes 26
 japaleno-maiskoekjes 56
 peperkoekjes met groene olijven 52
Chocolade: chili-chocoladekoekjes 26
 chocolade-pistachekoekjes 25
 macadamiakoekjes met witte chocolade 26
 Malteserkoekjes 38
 mintchocokoekjes 39
 pure chocoladekoekjes met bladgoud 22
Citroen: citroen-limoenkoekjes 19
 geurige tijm-citroenkoekjes 52
Cranberry-sinaasappelkoekjes 68
Crunchie-koekjes 39

D

Dadel-walnootkoekjes 67
Dolfijnkoekjes 33
Driepittenkoekjes 71

E

Engelenkoekjes 78

G

Gekonfijte schil: kerstkoekjes 78
Gember: honing-gemberkoekjes 14
 koekemannetjesgezin 45
 Koreaanse koekjes 17
 marmelade-gemberkoekjes 19
Gerei 8
Geurige tijm-citroenkoekjes 52
Gezichtkoekjes 32
Glazuur 11
 schrijfglazuur 11
Groene-spookkoekjes 82

H

Handenkoekjes 47
Hartjes 81
Haver: appel-haverkoekjes 67
 bananen-zemelkoekjes 62
 bosbessenkoekjes 64
 dadel-walnootkoekjes 67
 drie-pittenkoekjes 71
 honing-gemberkoekjes 14
 knapperige pecankoekjes 65
 rozijnenkoekjes 71
Hazelnoten: koffie-hazelnootkoekjes 25
Honing: abrikozenkoekjes met yoghurtglazuur 62
 honing-gemberkoekjes 14
 Koreaanse koekjes 17
 saffraan-honing-pijnboompitkoekjes 16

J

Japaleno-maiskoekjes 56

K

Kaas: cheddarkoekjes 56
 geurige tijm-citroenkoekjes 52
 Marmite-koekjes 53
 paprikakoekjes 53
 Parmezaanse cayenneknabbels 55
 Parmezaanse venkelkoekjes 50
 peperkoekjes met groene olijven 52
 pikante maanzaadkoekjes 59
 sesamzaadkoekjes 58
Kerstboom 76
Kerstboomversiering 74
Kerstkoekjes 78
Kerstkousen 75
Kleurstoffen 11
Knapperige pecankoekjes 65
Koekemannetjesgezin 45
Koekjes bewaren 11
Koffie-hazelnootkoekjes 25

Kokos: kokos-limoenkoekjes 65
rozijnenkoekjes 71
Koreaanse koekjes 17
Kruidkoekjes 35

L

Limoen: citroen-limoenkoekjes 19
kokos-limoenkoekjes 65

M

Macadamiakoekjes met witte chocolade 26
Malteserkoekjes 38
Marmelade-gemberkoekjes 19
Marmite-koekjes 53
Mint-chocokoekjes 39
Mosterdknabbels 58

O

Olijven: peperkoekjes met groene olijven 52
Oranjebloesem-amandelkoekjes 16

P

Paprika: paprikakoekjes 53
Parmezaanse cayenneknabbels 55
Parmezaanse venkelkoekjes 50
Peer-kaneelkoekjes 20
Peperkoekjes met groene olijven 52
Pepita's: drie-pittenkoekjes 71
Pikante maanzaadkoekjes 59
Pindakaaskoekjes 45
Pistachenootjes: chocolade-pistachekoekjes 25
rozenwater-pistachekoekjes 14
Poezenkoekjes 84
Purechocoladekoekjes met bladgoud 22

R

Regenboogkoekjes 32
Rozemarijnkoekjes met zongedroogde tomaat 50
Rozenwater-pistachekoekjes 14
Rozijnen: rozijnenkoekjes 71
rum-rozijnenkoekjes 21
Rum: kerstkoekjes 78
rum-rozijnenkoekjes 21

S

Saffraan-honing-pijnboompitkoekjes 16
Schrijfglazuur 11
Scrabblekoekjes 87
Sesamzaad: drie-pittenkoekjes 71
sesamzaadkoekjes 58
Sinaasappel: cranberry-sinaasappelkoekjes 68
wortel-sinaasappelkoekjes 64
Sjablonen 88-93
Sneeuwpopkoekjes 79

T

Teddybeerkoekjes 41
Teken je eigen plaatje 42
Toffee-appelkoekjes 38
Tomaten: rozemarijnkoekjes met zongedroogde tomaat 50

V

Vleermuiskoekjes 83
Vlinder- en bloemenkoekjes 30

W

Walnoten: dadel-walnootkoekjes 67
Wortel-sinaasappelkoekjes 64

Y

Yoghurt: abrikozenkoekjes met yoghurtglazuur 62
bananen-zemelkoekjes 62
bosbessenkoekjes 64
knapperige pecankoekjes 65
kokos-limoenkoekjes 65
rozijnenkoekjes 71

Z

Zandtaartpuntjes 20
Zemelen: bananen-zemelkoekjes 62
drie-pittenkoekjes 71
Zonnebloempitten: drie-pittenkoekjes 71

Oorspronkelijke titel: *Cookies*

Uitgever: Lorraine Dickey
Ontwerp: Victoria Burley
Fotografie: Jean Cazals

Redactie en productie Nederlandstalige editie: Textcase, Hilversum
Vertaling voor Textcase: Ghislaine de Thouars
Omslagontwerp: Ton Wienbelt, Den Haag
Opmaak: De ZrIJ, Utrecht

ISBN-13: 978 90 5920 619 9
ISBN-10: 90 5920 619 3

Voor meer informatie: www.veltman-uitgevers.nl

Dankwoord van de auteur
Ik bedank mijn moeder voor haar geweldige ideeën en inspiratie. Veel dank aan Kitchen Craft voor het gebruik van hun koekvormpjes. Ook veel dank aan Susie Plant en Bethan Woodyatt voor het testen en uittypen, om maar te zwijgen over mijn vrienden en buren die zo veel calorieën binnenkregen door het proeven van al mijn koekjes.